국민대학교 국제교육원
Institute of International Education
Kookmin University

국민 한국어 3-2

STUDENT'S BOOK

MP3, 별책 부록 포함

국민대학교 국제교육원
https://iie.kookmin.ac.kr/ko/main

국민 한국어 3-2

KOOKMIN KOREAN

국민대학교 국제교육원 한국어교육센터 편

초 판 1 쇄 2019년 6월 15일
초 판 2 쇄 2020년 11월 12일
초 판 3 쇄 2023년 3월 3일

편 집 인 국민대학교 국제교육원
집 필 진 이효정, 최수현, 반소연, 이경진, 정주희
감 수 이동은, 정연희

발 행 인 임홍재
발 행 처 국민대학교 출판부
등 록 1975년 6월 17일 제6-33호
주 소 서울특별시 성북구 정릉로 77
전 화 02-910-4242
팩 스 02-910-4240

인 쇄 삼아인쇄사
전 화 02-22272-2126
삽 화 김시언
녹 음 (주)예성미디어
번 역 영어: 윤상석 중국어: 이설화

ISBN 978-89-7812-442-3
978-89-7812-440-9 (세트)

값 22,000원 (세트 44,000원)

☆ mp3 음원은 국민대학교 한국어교육센터(https://iie.kookmin.ac.kr/ko/main)에서 다운 받을 수 있습니다.
☆ 책이 나올 때까지 조언을 아끼지 않았던 국민대학교 선생님들, 행정 지원을 해 주신 국제교육원 교학팀 선생님들, 사진 촬영에 협조해 준 국민대학교 한국어교육센터 학생들, 그리고 이동은 국제교육원장님의 지원과 지지에 감사드립니다.
☆ 사진 게재를 허락해 주신 국민대 명원민속관(한규설 가옥)에 감사를 드립니다.

머리말

2019년 현재 한국어는 사용 인구 13위의 세계적인 중심 언어로 급성장하고 있으며, 한국 문화와 더불어 한국을 알리는 중요한 역할을 수행하고 있습니다. 이러한 맥락에서 한국어의 위상은 전세계적인 한국어의 학습 열풍과 함께 앞으로도 한층 높아질 것으로 전망합니다.

국민대학교에서는 2002년 3월부터 외국인을 위한 한국어교육을 시작하였으며, 2019년 5월 기준으로 세계 45개국 언어 문화권의 학습자들이 다양한 목적으로 즐겁게 한국어 능력을 기르고 있습니다. 이렇게 날로 증가하는 외국인 학습자들의 다변화된 요구를 반영하려는 노력의 일환으로 2012년부터 '국민 한국어'의 개발이 시작되었고, 이제 '국민 한국어 3'을 펴내게 되었습니다.

'국민 한국어 3'에는 그간 국민대학교 한국어교육센터가 축적해 온 교육 내용, 교수법 및 교육 자료의 연구·개발 성과가 새롭고 합리적인 방식으로 오롯이 담겨 있습니다. 이 교재는 다음과 같은 특성을 지닙니다.

첫째, 학습자가 접할 수 있는 실제적인 상황과 주제를 선정하였고, 외국어 습득에 중요한 시각 자료를 제공하여 학습자들의 인지 능력에 기반한 효과적인 학습이 이루어지도록 구성하였습니다.

둘째, 학습자의 말하기 능력을 중심으로 읽기, 듣기, 쓰기 능력을 균형 있게 향상할 수 있도록 하였으며, 흥미로운 활동 중심의 문법과 어휘, 표현을 사회적 영역에서 구현할 수 있도록 내용을 구성하였습니다.

셋째, 실제 수업을 하는 방법과 순서에 따라 단원을 구성함으로써 교수자와 학습자가 쉽게 교수·학습할 수 있도록 학습의 편의성을 도모하였습니다.

'국민 한국어 3'을 출간하면서 감사해야 할 분들이 참으로 많습니다. 우선 이 교재의 연구, 개발에 무한한 열정을 쏟아 주신 한국어교육센터의 이효정 교수님을 비롯한 교재연구개발팀 선생님들께 깊은 감사를 드립니다. 그리고 번역과 감수를 맡아 주신 여러 교수님들, 삽화를 맡아 주신 김시언 작가님과 편집을 멋있게 해 주신 국민대학교 출판부와 상지피앤아이, 교정과 교열을 해 주신 박근영 교수님과 여윤희 선생님, CD 제작에 도움을 주신 예성미디어 관계자 여러분께도 감사드립니다. 또한 교재 제작 전 과정에서 아낌없는 지원을 해 주신 한국어교육센터의 행정팀과 국민대학교 유지수 총장님께도 깊은 감사를 드립니다.

앞으로 '국민 한국어 3'을 통해 더 많은 학습자들이 한국어 능력을 높이고, 많은 한국어 교육자들의 관심을 불러일으켜 더욱 효과적으로 한국어를 가르칠 수 있기를 바랍니다. 아울러 이 교재가 한국어교육 발전사에 의미 있는 기여를 하게 되기를 기원합니다.

2019년 6월

국민대학교 국제교육원장 이 동 은

교재 구성과 사용법

국민 한국어 3-2는 한국어를 400시간 정도 배운 중급 학습자를 위한 교재로 다양한 공공시설 및 사회적 관계 유지에 필요한 표현을 배움으로써 의사소통 능력을 향상시키는 데 그 목적이 있다.

본 교재는 다음과 같은 특징이 있다.

- 사용 빈도나 난이도 연구를 통해 3급 학습자에게 적절한 수준의 주제와 어휘, 그리고 문형을 선정하였다.
- 다양한 연습과 활동을 통해 말하기, 읽기, 듣기, 쓰기 능력이 골고루 길러질 수 있도록 하였다.
- 실제 교사들이 수업을 진행하는 순서로 단원을 구성하여, 교수자와 학습자가 쉽게 교수·학습할 수 있도록 하였다.
- 학습자들이 흥미를 가질 수 있도록 다양한 시각적 자료를 제공하여 교재를 구성하였다.
- 한 급을 200시간 공부하는 기관에서, 2일(8시간)에 한 과를 공부할 수 있도록 구성하였다.
- 두 과를 공부한 다음에 쓰기 과제를 제시하여, 체계적으로 쓰기 능력을 향상할 수 있도록 하였다.

01 단원 구성

- **주제**
  해당 과의 첫 부분에 학습자가 배울 내용을 인지할 수 있도록 주제를 제시하였다.

- **학습 목표**
  해당 과에서 학습하게 될 어휘와 표현, 문법, 기능, 듣기와 읽기 장르 등을 정리하여 제시하였다.

02 준비

09과 학교생활 2

준비

대학교에 입학하면 무엇을 하고 싶습니까?

대학교에서 무엇을 전공하고 싶습니까?

대학교 입학에 대해 궁금한 것을 누구에게 물어봅니까?

18

- **준비**
  해당 과의 주제에 대한 도입 기능을 하도록 구성하였다.

- **해당 삽화**
  준비 단계에서 도입 질문과 관련된 사진이나 삽화를 통해 한 과의 주제에 대해 이해하고 경험을 나누는 시간을 갖도록 하였다.

03 어휘·표현

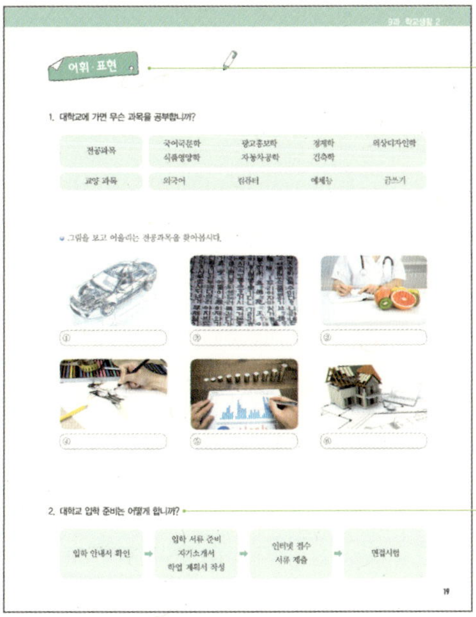
9과 학교생활 2

어휘·표현

1. 대학교에 가면 무슨 과목을 공부합니까?

전공과목	국어국문학 식품영양학	광고홍보학 자동차공학	경제학 건축학	의상디자인학
교양 과목	외국어	컴퓨터	예체능	글쓰기

그림을 보고 어울리는 전공과목을 찾아봅시다.

① ② ③ ④ ⑤ ⑥

2. 대학교 입학 준비는 어떻게 합니까?

입학 안내서 확인 → 입학 서류 준비 자기소개서 학업 계획서 작성 → 인터넷 접수 서류 제출 → 면접시험

19

- **어휘·표현**
  어휘·표현 단계에서는 다양한 연습을 통해 각 과의 주제와 관련된 핵심 어휘와 표현을 익히도록 하였다.

- **연습**
  연습 단계에서는 말하고, 읽고, 쓰는 다양한 활동을 통해 목표로 삼은 어휘를 습득할 수 있도록 하였다.

04 말하기 문법 1, 문법 2

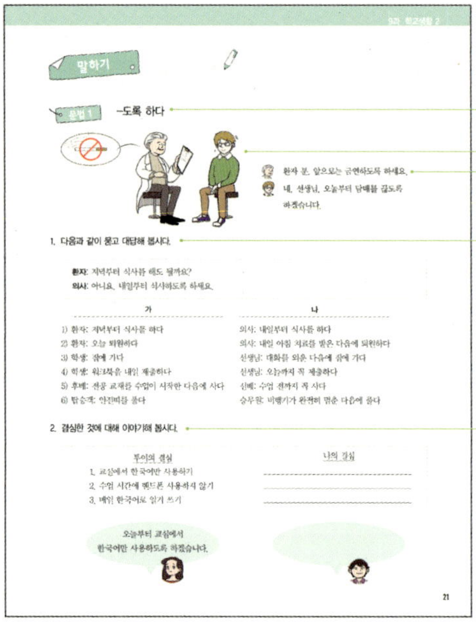

- **말하기 문법**
  말하기 문법 단계에서는 대화를 수행함에 있어 필수적으로 필요한 문법을 제시하였다.
- **상황 삽화**
  목표 문법의 의미가 잘 드러나는 상황을 삽화로 제시하여 교사가 문법을 도입할 때 활용할 수 있도록 하였다.
- **기본 대화**
  목표 문법의 의미가 잘 드러나는 상황을 대화로 구성하여 제시하였다.
- **연습 1**
  목표 문법을 활용하여 간단하게 말하거나 묻고 대답할 수 있도록 문제를 구성하였다.
- **연습 2**
  목표 문법을 활용하여 확장해서 이야기할 수 있도록 구성하였다.

05 대화 1

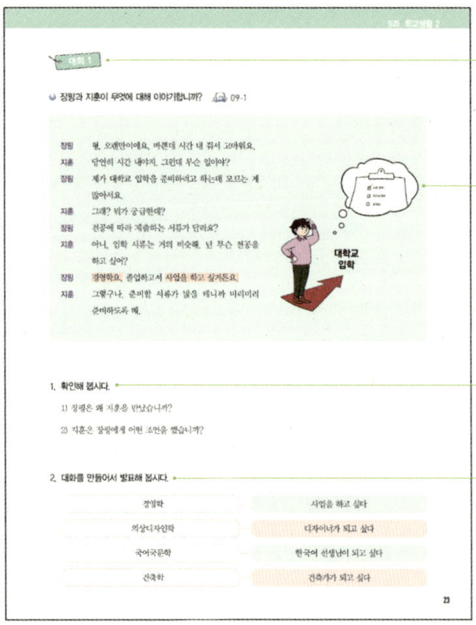

- **대화 1**
  대화 1에서는 앞에서 다룬 어휘와 문법을 활용하여 주제가 있는 대화를 할 수 있도록 구성하였다.
- **상황 삽화**
  대화 상황을 삽화로 제시하여 대화를 도입하고 이해하는 데 활용할 수 있도록 하였다.
- **확인해 봅시다**
  대화를 들은 후 대화 내용을 잘 이해했는지를 확인하는 질문을 삽입하였다.
- **대화를 만들어서 발표해 봅시다**
  주어진 단어나 표현으로 본문처럼 긴 대화를 구성하여 말하기 연습을 할 수 있도록 구성하였다.

06 대화 2

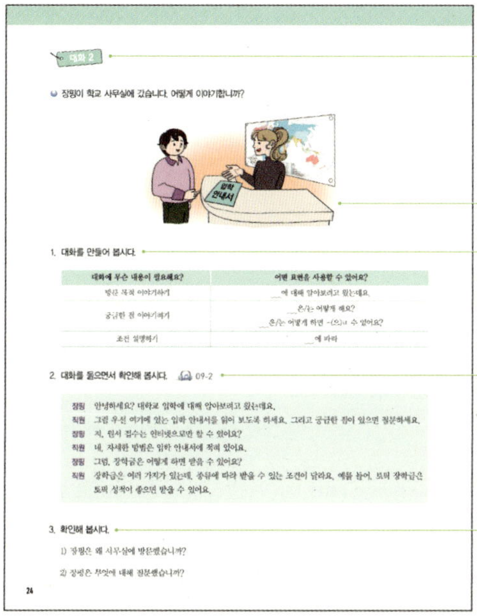

- **대화 2**

  대화 2에서는 대화 구조를 생각하면서 교사와 학생이 대화를 구성해 볼 수 있도록 하였다.

- **도입 질문과 상황 삽화**

  질문과 삽화를 통해 대화를 생성하는 데 도움을 줄 수 있도록 하였다.

- **대화를 만들어 봅시다**

  교사와 학생이 대화를 만들어 볼 수 있도록 사용할 수 있는 표현과 기능을 제시하였다.

- **대화를 들으면서 확인해 봅시다**

  대화를 듣고 교사가 만든 대화와 학생이 만든 대화를 비교해 보도록 구성하였다.

- **확인해 봅시다**

  대화를 들은 후 대화 내용을 잘 이해했는지를 확인하는 질문을 삽입하였다.

07 활동

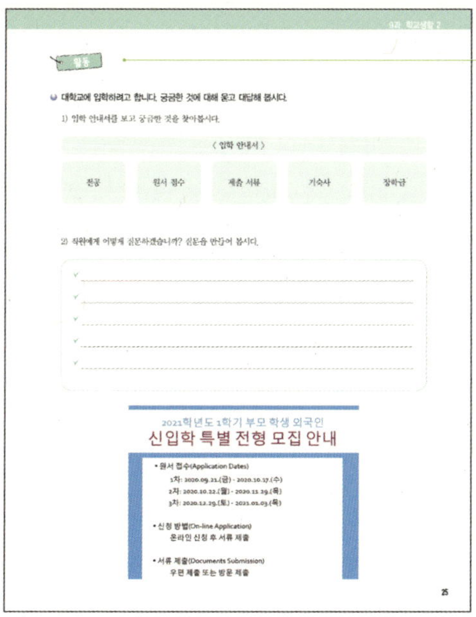

- **활동**

  해당 과에서 배운 주제, 문법과 어휘를 자연스럽게 활용할 수 있도록 다양한 과제 활동을 제시하였다. 학습자 스스로 과제를 완수하는 과정에서 원활한 의사소통 능력을 키울 수 있도록 구성하였다.

08 듣고 말하기

- **도입 질문**

  듣기 전에 학습자의 경험을 상기시키는 도입 질문을 제시하였다.

- **삽화**

  듣기 내용과 관련되면서 듣기 이해에 도움이 되는 사진이나 삽화도 함께 제시하였다.

- **미리 듣기**

  본문 듣기와 관련된 주제를 도입하면서 동시에 새로운 어휘, 표현을 제시하는 짧은 듣기 단계를 구성하였다.

- **듣고 이야기해 봅시다**

  들은 내용을 전반적으로 이해했는지 확인할 수 있도록 하였다.

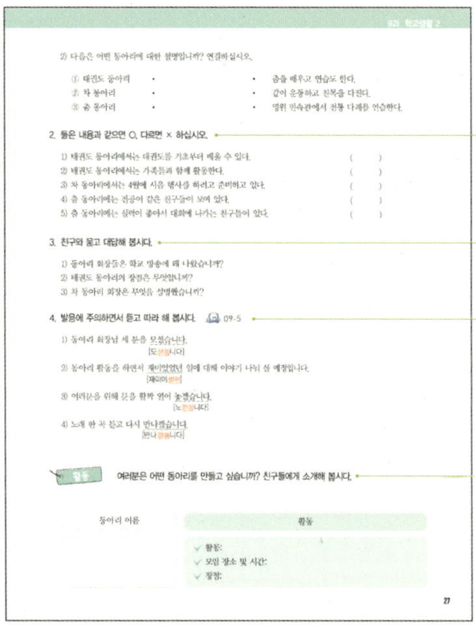

- **들은 내용과 같으면 O, 다르면 X 하십시오**

  듣기 지문의 세부적인 내용까지도 이해했는지 확인할 수 있도록 하였다.

- **친구와 묻고 대답해 봅시다**

  들은 내용을 이해한 뒤 종합적으로 문장을 구성하여 질문하고 대답할 수 있도록 구성하였다.

- **발음에 주의하면서 듣고 따라 해 봅시다**

  듣기 내용에서 학생들이 어려워하는 발음을 함께 묶어서 제시한 뒤 연습하도록 하였다.

- **활동**

  들은 후에 관련된 주제에 대해서 말하거나 쓸 수 있는 실제적인 활동으로 구성하였다.

09 읽고 말하기

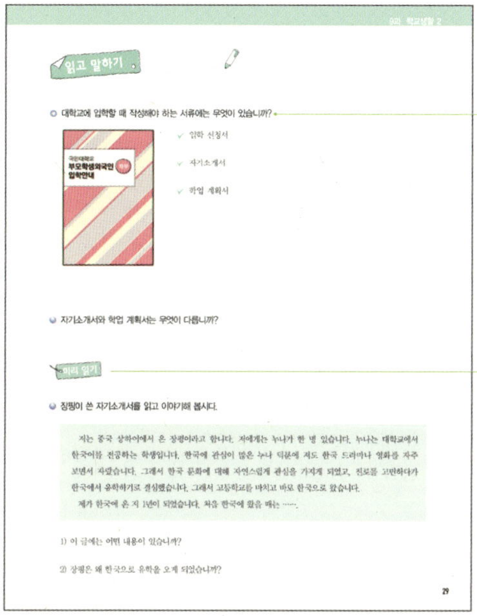

9과 학교생활 2

읽고 말하기

○ 대학교에 입학할 때 작성해야 하는 서류에는 무엇이 있습니까?

국민대학교 부모학생외국인 입학안내

- 입학 신청서
- 자기소개서
- 학업 계획서

○ 자기소개서와 학업 계획서는 무엇이 다릅니까?

미리 읽기

○ 장핑이 쓴 자기소개서를 읽고 이야기해 봅시다.

저는 중국 상하이에서 온 장핑이라고 합니다. 저에게는 누나가 한 명 있습니다. 누나는 대학교에서 한국어를 전공하는 학생입니다. 한국에 관심이 많은 누나 덕분에 저도 한국 드라마나 영화를 자주 보면서 자랐습니다. 그래서 한국 문화에 대해 자연스럽게 관심을 가지게 되었고, 진로를 고민하다가 한국에서 유학하기로 결심했습니다. 그래서 고등학교를 마치고 바로 한국으로 왔습니다.
제가 한국에 온 지 1년이 되었습니다. 처음 한국에 왔을 때는 …….

1) 이 글에는 어떤 내용이 있습니까?

2) 장핑은 왜 한국으로 유학을 오게 되었습니까?

29

- **도입 질문과 삽화**

  읽기 전에 학습자의 경험을 상기시키는 도입 질문을 제시하였다. 그리고 필요하면 읽기 이해에 도움이 되는 사진이나 삽화도 함께 제시하였다.

- **미리 읽기**

  본문 읽기와 관련된 주제를 도입하면서 동시에 새로운 어휘, 표현을 제시하는 짧은 읽기를 제시하였다.

10 문법 3, 문법 4

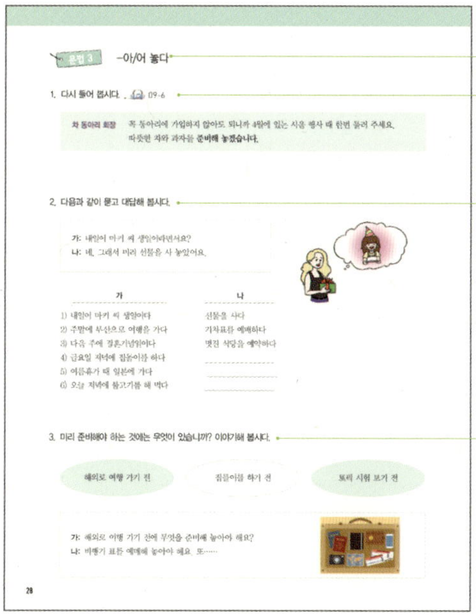

문법 3 -아/어 놓다

1. 다시 들어 봅시다. 09-6

차 동아리 회장: 꼭 동아리에 가입하지 않아도 되니까 4월에 있는 시음 행사 때 한번 들러 주세요. 따뜻한 차와 과자를 **준비해 놓겠습니다.**

2. 다음과 같이 묻고 대답해 봅시다.

가: 내일이 마키 씨 생일이라면서요?
나: 네, 그래서 미리 선물을 사 놓았어요.

가	나
1) 내일이 마키 씨 생일이다	선물을 사다
2) 주말에 부산으로 여행을 가다	기차표를 예매하다
3) 다음 주에 결혼기념일이다	멋진 식당을 예약하다
4) 금요일 저녁에 집들이를 하다	
5) 여름휴가 때 일본에 가다	
6) 오늘 저녁에 불고기를 해 먹다	

3. 미리 준비해야 하는 것에는 무엇이 있습니까? 이야기해 봅시다.

해외로 여행 가기 전 / 집들이를 하기 전 / 토픽 시험 보기 전

가: 해외로 여행 가기 전에 무엇을 준비해 놓아야 해요?
나: 비행기 표를 예매해 놓아야 해요. 또……

28

- **문법 3, 문법 4**

  듣기와 읽기 내용에 나온 문법 중에서 학습이 필요한 문법을 제시하고 연습할 수 있도록 하였다.

- **다시 들어/읽어 봅시다**

  듣기와 읽기 지문에서 목표 문법이 제시된 문장을 다시 듣고 읽으면서 맥락을 통해 문법의 의미와 기능을 이해하도록 하였다.

- **다음과 같이 묻고 대답해 봅시다**

  목표 문법을 활용하여 간단하게 말하거나 묻고 대답할 수 있도록 문제를 구성하였다.

- **이야기해 봅시다**

  목표 문법을 활용하여 친구와 대화하거나 길게 확장하여 이야기할 수 있도록 구성하였다.

11 쓰기 5

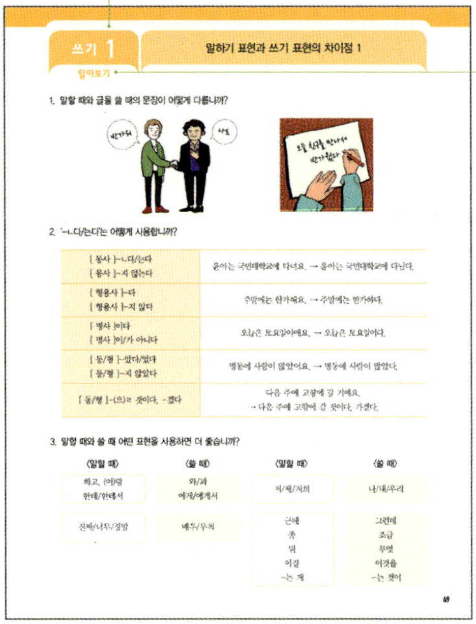

• 쓰기

두 과를 마칠 때마다 '쓰기' 단계를 삽입하였다.

• 알아보기

'알아보기' 과정에서는 학생들이 초급을 거쳐 중급까지 한국어를 공부하며 어려움을 느끼는 부분을 종합적으로 정리하였다.

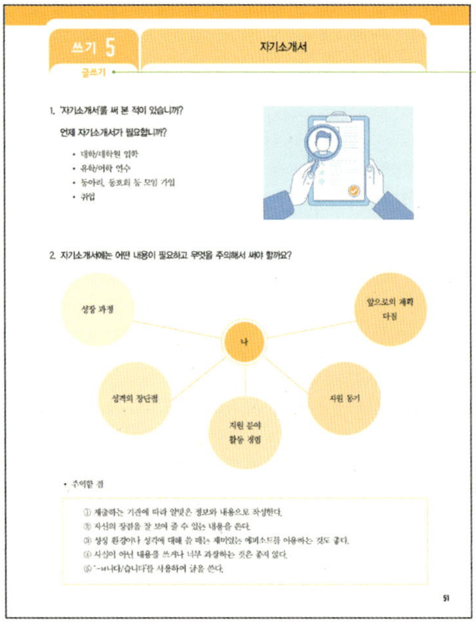

• 글쓰기

앞에서 읽은 텍스트를 참고하고 두 과에서 배운 어휘와 문법을 사용해서 완결된 글을 쓸 수 있도록 하였다.

목차

국민 한국어 3-2 교재 구성

과	어휘·표현	말하기	듣고 말하기
9과 학교생활 2	학교생활 어휘 2	입학 준비에 대해 묻고 답하기 대학 기관에 도움 요청하기	동아리를 소개하는 학교 방송
10과 외모·성격	외모와 성격 관련 어휘	외모와 성격 설명하기 묘사하기	혈액형과 별자리에 대한 대화
쓰기 5	자기소개서		
11과 한국	한국의 명절과 공휴일 관련 어휘	한국의 공휴일에 대해 설명하기 추석에 대해 설명하기	한국의 인상적인 음식 문화에 대한 인터뷰
12과 고민 상담	고민 관련 어휘	걱정과 고민 상담하기 조언하기	개인적인 고민을 나누는 대화
쓰기 6	발표문 2		
13과 연애·결혼	연애와 결혼 관련 어휘	친구의 결혼 소식 알리기 결혼식에 초대하기	부모님의 연애에 대한 대화
14과 언어생활	언어 관련 어휘	부탁하기 거절하기	한국어 사용 예절에 대한 강의
쓰기 7	도표		
15과 사고	사고 관련 어휘	사고 경험 이야기하기 사고를 예방하는 행동 말하기	지하철 안전사고에 대한 대화
16과 실수·후회	실수·후회 관련 어휘	일상의 실수 이야기하기 후회 표현하기, 위로하기	문화 차이로 인한 실수담
쓰기 8	후회하는 일		

	읽고 말하기	문법		발음
	학업 계획서	-도록 하다 -아/어 놓다	에 따라 -ㄴ다면/는다면	음절의 끝소리 규칙
	가족의 성격에 대한 만화	-나/(으)ㄴ가 보다 -느라고	-게 하다 -아/어 가지고[2]	'ㅅ, ㅆ' 발음
	한국과 한국인에 대한 발표문	-기도 하고 -기도 하다 만 해도	-ㄴ다니까/는다니까 -다니	경음화[2]
	인터넷 고민 상담 글	-(으)ㄹ까 봐 -아/어 달라고/주라고 하다	만큼 -아/어 버리다	관형사형 뒤의 경음화
	결혼관에 대한 도표를 설명하는 글	간접 화법 축약형 -던	만에 을/를 통해	받침 'ㄻ' 발음
	몸짓 언어를 설명하는 글	-기는요 -아하다/어하다	(이)라도 와/과 달리	'와, 워' 발음
	화재 사고와 대처법에 대한 신문 기사	-는 바람에 -도록	-(으)ㄹ 뻔하다 (으)로 인해	유음화
	영화 '버킷 리스트' 감상문	-(으)ㄹ 걸 그랬다 -ㄴ다는/는다는 것이	-(으)ㄹ 텐데 -았으면/었으면	받침 'ㄼ' 발음

등장인물

알렉세이(러시아)
카오루(일본)
바트(몽골)
간토야(몽골)
마키(일본)
제프리(미국)
투이(베트남)

09 학교생활 2

어휘·표현

학교생활 어휘 2

말하기

문법 –도록 하다

에 따라

입학 준비에 대해 묻고 답하기

대학 기관에 도움 요청하기

듣기

동아리를 소개하는 학교 방송

문법 –아/어 놓다

읽기

학업 계획서

문법 –ㄴ다면/는다면

09과 학교생활 2

준비

- 대학교에 입학하면 무엇을 하고 싶습니까?

- 대학교에서 무엇을 전공하고 싶습니까?

- 대학교 입학에 대해 궁금한 것을 누구에게 물어봅니까?

어휘 · 표현

1. 대학교에 가면 무슨 과목을 공부합니까?

전공과목	국어국문학 식품영양학	광고홍보학 자동차공학	경제학 건축학	의상디자인학
교양 과목	외국어	컴퓨터	예체능	글쓰기

● 그림을 보고 어울리는 전공과목을 찾아봅시다.

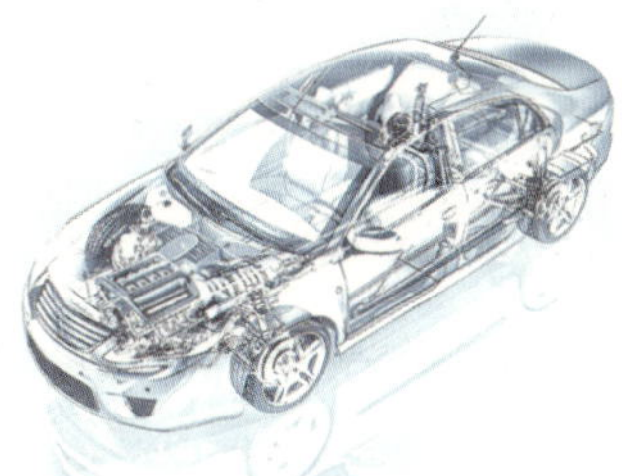

①

②

③

④

⑤

⑥

2. 대학교 입학 준비는 어떻게 합니까?

입학 안내서 확인 → 입학 서류 준비
자기소개서
학업 계획서 작성 → 인터넷 접수
서류 제출 → 면접시험

● 그림을 보고 관계있는 표현을 찾아봅시다.

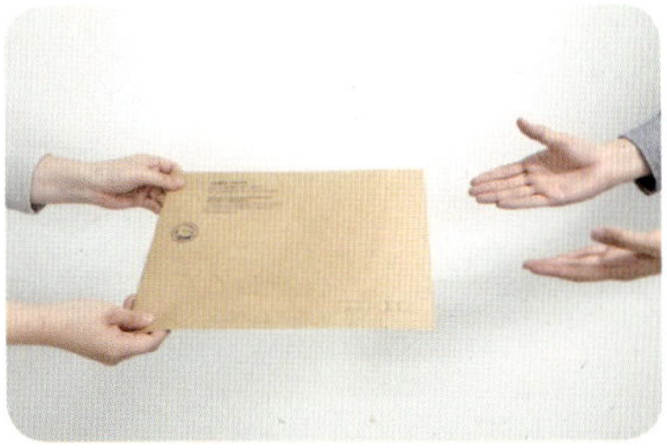

①

②

③

3. 대학교 수업에서 사용되는 어휘를 알아봅시다.

개강 전		학기 중		종강 후
수강 신청을 하다 강의실을 확인하다 교재를 준비하다	→	강의를 듣다 과제를 하다 실험하다 토론하다 시험을 보다	→	성적을 확인하다

● 그림을 보고 관계있는 표현을 찾아봅시다.

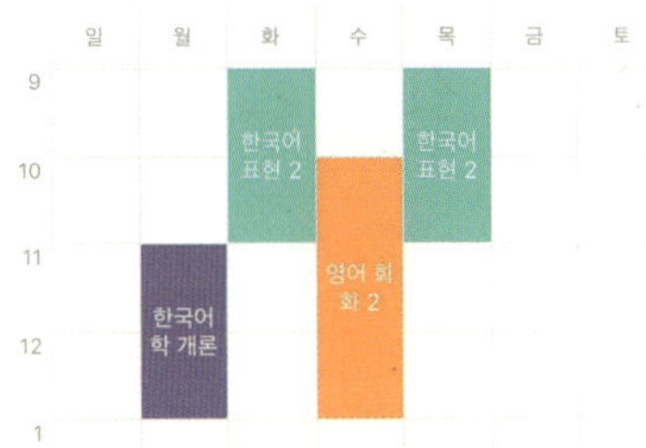

①

②

③

④

⑤

⑥

말하기

문법 1 -도록 하다

환자 분, 앞으로는 금연하도록 하세요.

네, 선생님. 오늘부터 담배를 끊도록 하겠습니다.

1. 다음과 같이 묻고 대답해 봅시다.

> **환자**: 저녁부터 식사를 해도 될까요?
> **의사**: 아니요. 내일부터 식사하도록 하세요.

가	나
1) 환자: 저녁부터 식사를 하다	의사: 내일부터 식사를 하다
2) 환자: 오늘 퇴원하다	의사: 내일 아침 치료를 받은 다음에 퇴원하다
3) 학생: 집에 가다	선생님: 대화를 외운 다음에 집에 가다
4) 학생: 워크북을 내일 제출하다	선생님: 오늘까지 꼭 제출하다
5) 후배: 전공 교재를 수업이 시작한 다음에 사다	선배: 수업 전까지 꼭 사다
6) 탑승객: 안전띠를 풀다	승무원: 비행기가 완전히 멈춘 다음에 풀다

2. 결심한 것에 대해 이야기해 봅시다.

투이의 결심

1. 교실에서 한국어만 사용하기
2. 수업 시간에 핸드폰 사용하지 않기
3. 매일 한국어로 일기 쓰기

나의 결심

____

____

____

문법 2 에 따라

아주머니, 사과 값이 얼마나 해요?

크기에 따라 달라요. 큰 건 세 개에 5천 원이고, 작은 건 다섯 개에 5천 원이에요.

1. 다음과 같이 말해 봅시다.

가: 한국에서는 무슨 과일이 맛있어요?
나: 계절에 따라 달라요. 봄에는 딸기가 맛있어요.

가	나
1) 한국에서는 무슨 과일이 맛있어요?	계절 – 봄, 딸기
2) 고향까지 가는 비행기 표가 비싼 편이에요?	요일 – 주말, 비싸다
3) 학교 식당에서는 무슨 음식이 맛있어요?	식당 – 교직원 식당, 돈까스
4) 여름에는 무슨 옷을 많이 입어요?	유행 – 작년, 반바지
5) 대학생들이 자주 하는 운동은 뭐예요?	성별 – 남학생, _____
6) 원룸은 한 달에 월세가 얼마예요?	층 – 1층, _____

2. 같이 이야기해 봅시다.

친구를 만나면
뭐 하고 놀아요?
✓ 친구 ✓ 날씨

생일 선물을
고를 때 어떻게 골라요?
✓ 성별 ✓ 나이

가: 친구를 만나면 뭐 하고 놀아요?
나: 만나는 친구에 따라 달라요. 쇼핑을 좋아하는 친구를 만나면 같이 쇼핑하고, 영화를 좋아하는 친구를 만나면 같이 영화를 봐요. ㅇㅇ 씨는요?
다: 날씨에 따라 달라요. 비가 오면 집에서 게임하고 날씨가 좋으면 밖에서 같이 운동해요.

대화 1

● 장핑과 지훈이 무엇에 대해 이야기합니까? 09-1

장핑 형, 오랜만이에요. 바쁜데 시간 내 줘서 고마워요.

지훈 당연히 시간 내야지. 그런데 무슨 일이야?

장핑 제가 대학교 입학을 준비하려고 하는데 모르는 게 많아서요.

지훈 뭐가 궁금한데?

장핑 전공에 따라 제출하는 서류가 달라요?

지훈 아니, 입학 서류는 거의 비슷해. 넌 무슨 전공을 하고 싶어?

장핑 경영학요. 졸업하고서 사업을 하고 싶거든요.

지훈 그렇구나. 준비할 서류가 많을 테니까 미리미리 준비하도록 해.

1. 확인해 봅시다.

   1) 장핑은 왜 지훈을 만났습니까?

   2) 지훈은 장핑에게 어떤 조언을 했습니까?

2. 대화를 만들어서 발표해 봅시다.

경영학	사업을 하고 싶다
의상디자인학	디자이너가 되고 싶다
국어국문학	한국어 선생님이 되고 싶다
건축학	건축가가 되고 싶다

대화 2

● 장핑이 학교 사무실에 갔습니다. 어떻게 이야기합니까?

1. 대화를 만들어 봅시다.

대화에 무슨 내용이 필요해요?	어떤 표현을 사용할 수 있어요?
방문 목적 이야기하기	___에 대해 알아보려고 왔는데요
궁금한 점 이야기하기	___은/는 어떻게 해요? ___은/는 어떻게 하면 -(으)ㄹ 수 있어요?
조건 설명하기	___에 따라

2. 대화를 들으면서 확인해 봅시다. 09-2

장핑 안녕하세요? 대학교 입학에 대해 알아보려고 왔는데요.
직원 그럼 우선 여기에 있는 입학 안내서를 읽어 보도록 하세요. 그리고 궁금한 점이 있으면 질문하세요.
장핑 저, 원서 접수는 인터넷으로만 할 수 있어요?
직원 네. 자세한 방법은 입학 안내서에 적혀 있어요.
장핑 그럼, 장학금은 어떻게 하면 받을 수 있어요?
직원 장학금은 여러 가지가 있는데, 종류에 따라 받을 수 있는 조건이 달라요. 예를 들어, 토픽 장학금은 토픽 성적이 좋으면 받을 수 있어요.

3. 확인해 봅시다.

1) 장핑은 왜 사무실에 방문했습니까?

2) 장핑은 무엇에 대해 질문했습니까?

활동

● 대학교에 입학하려고 합니다. 궁금한 것에 대해 묻고 대답해 봅시다.

1) 입학 안내서를 보고 궁금한 것을 찾아봅시다.

〈 입학 안내서 〉

전공	원서 접수	제출 서류	기숙사	장학금

2) 직원에게 어떻게 질문하겠습니까? 질문을 만들어 봅시다.

✓ ____________________

✓ ____________________

✓ ____________________

✓ ____________________

✓ ____________________

2023학년도 1학기 부모 학생 외국인

신입학 특별 전형 모집 안내

▪ 원서 접수(Application Dates)

1차: 2023.09.21(목)-2023.10.17(화)
2차: 2023.10.23(월)-2023.11.29(수)
3차: 2023.12.29(금)-2024.01.03(수)

▪ 신청 방법(On-line Application)

온라인 신청 후 서류 제출

▪ 서류 제출(Documents Submission)

우편 제출 또는 방문 제출

듣고 말하기

● 우리 학교에는 어떤 동아리가 있습니까?

밴드　　서예　　바둑　　다도　　사물놀이　　봉사　　연극

● 여러분은 어떤 동아리에 관심이 있습니까?

미리 듣기

● 카오루와 이리나의 대화를 듣고 이야기해 봅시다. 09-3

1) 두 사람은 어떤 동아리에서 활동하고 있습니까?

 카오루 (태권도), (　　　　)　 이리나 (　　　　)

2) 카오루는 동아리 활동을 왜 두 개나 합니까?

듣기

● 교내 방송입니다. 들어 봅시다. 09-4

1. 듣고 이야기해 봅시다.

1) 교내 방송에 누가 나왔습니까?

2) 다음은 어떤 동아리에 대한 설명입니까? 연결하십시오.

① 태권도 동아리 •		• 춤을 배우고 연습도 한다.
② 차 동아리 •		• 같이 운동하고 친목을 다진다.
③ 춤 동아리 •		• 명원민속관에서 전통 다례를 연습한다.

2. 들은 내용과 같으면 O, 다르면 × 하십시오.

1) 태권도 동아리에서는 태권도를 기초부터 배울 수 있다. (　　)
2) 태권도 동아리에서는 가족들과 함께 활동한다. (　　)
3) 차 동아리에서는 4월에 시음 행사를 하려고 준비하고 있다. (　　)
4) 춤 동아리에는 전공이 같은 친구들이 모여 있다. (　　)
5) 춤 동아리에는 실력이 좋아서 대회에 나가는 친구들이 있다. (　　)

3. 친구와 묻고 대답해 봅시다.

1) 동아리 회장들은 학교 방송에 왜 나왔습니까?
2) 태권도 동아리의 장점은 무엇입니까?
3) 차 동아리 회장은 무엇을 설명했습니까?

4. 발음에 주의하면서 듣고 따라 해 봅시다. 09-5

1) 동아리 회장님 세 분을 모셨습니다.
[모셛씀니다]

2) 동아리 활동을 하면서 재미있었던 일에 대해 이야기 나눠 볼 예정입니다.
[재미이썯떤]

3) 여러분을 위해 문을 활짝 열어 놓겠습니다.
[노켇씀니다]

4) 노래 한 곡 듣고 다시 만나겠습니다.
[만나겓씀니다]

활동 여러분은 어떤 동아리를 만들고 싶습니까? 친구들에게 소개해 봅시다.

동아리 이름	활동
	✓ 활동: ✓ 모임 장소 및 시간: ✓ 장점:

문법 3 -아/어 놓다

1. 다시 들어 봅시다. 09-6

차 동아리 회장 꼭 동아리에 가입하지 않아도 되니까 4월에 있는 시음 행사 때 한번 들러 주세요. 따뜻한 차와 과자를 **준비해 놓겠습니다.**

2. 다음과 같이 묻고 대답해 봅시다.

가: 내일이 마키 씨 생일이라면서요?
나: 네, 그래서 미리 선물을 사 놓았어요.

가	나
1) 내일이 마키 씨 생일이다	선물을 사다
2) 주말에 부산으로 여행을 가다	기차표를 예매하다
3) 다음 주에 결혼기념일이다	멋진 식당을 예약하다
4) 금요일 저녁에 집들이를 하다	________
5) 여름휴가 때 일본에 가다	________
6) 오늘 저녁에 불고기를 해 먹다	________

3. 미리 준비해야 하는 것에는 무엇이 있습니까? 이야기해 봅시다.

해외로 여행 가기 전 / 집들이를 하기 전 / 토픽 시험 보기 전

가: 해외로 여행 가기 전에 무엇을 준비해 놓아야 해요?
나: 비행기 표를 예매해 놓아야 해요. 그리고 …….

읽고 말하기

- 대학교에 입학할 때 작성해야 하는 서류에는 무엇이 있습니까?

✓ 입학 신청서

✓ 자기소개서

✓ 학업 계획서

- 자기소개서와 학업 계획서는 무엇이 다릅니까?

미리 읽기

- 장핑이 쓴 자기소개서를 읽고 이야기해 봅시다.

저는 중국 상하이에서 온 장핑이라고 합니다. 저에게는 누나가 한 명 있습니다. 누나는 대학교에서 한국어를 전공하는 학생입니다. 한국에 관심이 많은 누나 덕분에 저도 한국 드라마나 영화를 자주 보면서 자랐습니다. 그래서 한국 문화에 대해 자연스럽게 관심을 가지게 되었고, 진로를 고민하다가 한국에서 유학하기로 결심했습니다. 그래서 고등학교를 마치고 바로 한국으로 왔습니다.

제가 한국에 온 지 1년이 되었습니다. 처음 한국에 왔을 때는 …….

1) 이 글에는 어떤 내용이 있습니까?

2) 장핑은 왜 한국으로 유학을 오게 되었습니까?

읽기

장핑이 쓴 학업 계획서입니다. 읽어 봅시다.

학 업 계 획 서

전공		성명	

제가 만약 '광고홍보학' 전공으로 대학교에 입학을 하게 된다면 우선 전공 공부를 열심히 하겠습니다. 전공 공부를 잘하기 위해서는 한국어 실력을 더 쌓아야 합니다. 지금은 중급 정도의 실력이지만 1학년을 마치기 전에 한국어능력시험 5급을 받을 수 있게 노력하겠습니다. 그리고 대학에서는 전공 책을 많이 읽어야 한다고 들었습니다. 전공에 대한 내용을 더 잘 이해하기 위해서 한국어뿐만 아니라 모국어로 된 전공 책도 많이 읽어 보겠습니다.

저는 전공 공부를 잘 하는 것뿐만 아니라 사회 경험을 쌓는 것도 중요하다고 생각합니다. 그래서 사회 경험을 많이 해 보려고 합니다. 예를 들어 광고를 만들어서 광고 공모전에 참가해 보거나 광고 회사에서 일하는 경험을 해 볼 수 있게 학생 인턴 프로그램에도 지원해 보겠습니다.

마지막으로 저는 한국에 대해 좀 더 알고 싶습니다. 한국의 문화를 더 배울 수 있는 전통문화 동아리에 들거나 한국 곳곳을 여행하면서 많은 것을 체험해 보려고 합니다. 이런 동아리 활동이나 여행을 하면 한국 문화를 더 자세히 배울 수 있게 되고 저 스스로도 성장하게 될 것입니다. 그리고 제가 나중에 광고를 만들거나 홍보하는 일을 할 때도 이런 경험들이 필요할 거라고 생각합니다.

지금까지 앞으로의 제 학업 계획에 대해 말씀드렸습니다. 어렵게 유학을 오게 되었으니까 힘든 일이 있어도 늘 노력하고 도전하는 사람이 되겠습니다.

1. 읽고 이야기해 봅시다.

1) 장핑은 이 글을 왜 썼습니까?

2) 장핑이 대학교에 입학하고 나서 하려고 하는 것은 무엇입니까?

전공 공부	① ②
사회 경험 쌓기	③ ④
한국에 대해 알기	⑤ ⑥

2. 읽은 내용과 같으면 O, 다르면 X 하십시오.

1) 장핑은 대학에 들어가서도 한국어를 계속 공부할 것이다. (　　)
2) 장핑은 모국어로 된 전공 책만 읽을 것이다. (　　)
3) 장핑은 전통문화 동아리에 들어가려고 한다. (　　)
4) 장핑은 동아리 활동이 자신에게 도움이 될 거라고 생각한다. (　　)

3. 친구와 묻고 대답해 봅시다.

1) 장핑은 왜 한국어 실력을 더 쌓으려고 합니까?
2) 장핑은 왜 학생 인턴 프로그램에 지원하려고 합니까?
3) 장핑은 앞으로 어떤 사람이 되겠다고 했습니까?

활동 여러분이 대학교에 입학한다면 무엇을 하겠습니까? 하고 싶은 것을 이야기해 봅시다.

입학 후 계획	
전공 공부	
그 외	

문법 4 -ㄴ다면/는다면

1. 다시 읽어 봅시다.

제가 만약 '광고홍보학' 전공으로 대학교에 입학을 하게 **된다면** 우선 전공 공부를 열심히 하겠습니다.

2. 다음과 같이 묻고 대답해 봅시다.

가: 좋아하는 가수를 만난다면 뭘 하고 싶어요?
나: 좋아하는 가수를 만난다면 저는 같이 사진을 찍을 거예요.

가	나
1) 좋아하는 가수를 만나다	같이 사진을 찍다
2) 내일 하루 쉬다	그동안 못했던 대청소를 하다
3) 방학에 고향에 가다	제일 먹고 싶었던 고향 음식부터 먹다
4) 갑자기 큰돈이 생기다	사고 싶었던 가방이나 신발을 사다
5) 만약에 다시 고등학생이 되다	전보다 더 열심히 공부하다
6) 만약에 지금이 조선 시대다	남자와 여자의 생활 공간이 다르다

3. 다음과 같은 상황이 된다면 어떤 일을 하겠습니까? 이야기해 봅시다.

대통령이 되다 | 미래를 알 수 있다 | 부모가 되다

가: 만약 대통령이 된다면 어떤 일을 하겠습니까?
나: 제가 만약 대통령이 된다면……. 왜냐하면…….

10
외모·성격

어휘·표현

외모와 성격 관련 어휘

말하기

문법 –나/(으)ㄴ가 보다

–게 하다

외모와 성격 설명하기

묘사하기

듣고 말하기

혈액형과 별자리에 대한 대화

문법 –느라고

읽고 말하기

가족의 성격에 대한 만화

문법 –아/어 가지고[2]

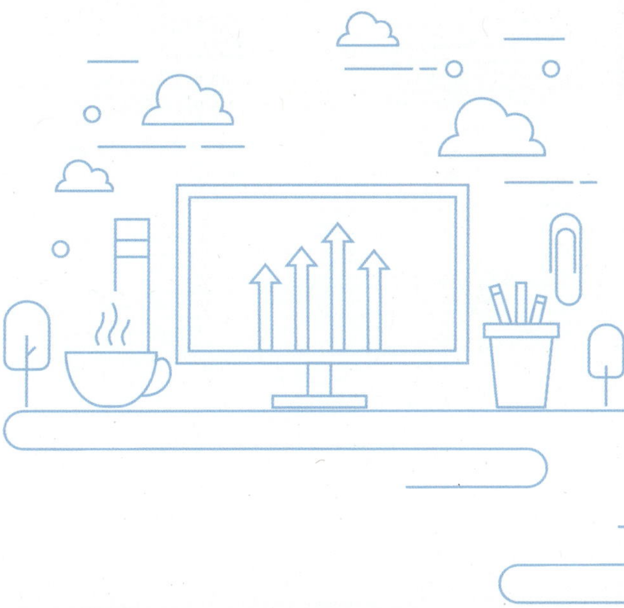

10과 외모 · 성격

준비

● 다음 사람들의 외모는 어떻습니까?

● 이 사람들의 성격은 어떤 것 같습니까?

어휘·표현

1. 외모를 설명하는 표현을 알아봅시다.

1) 이 남자의 외모는 어떻습니까?

눈이 작다/크다	코가 낮다/높다	입이 작다/크다
머리가 짧다/길다	눈썹이 짙다/옅다	인상이 좋다/안 좋다

2) 이 사람들의 외모는 어떻습니까?

마르다	체격이 좋다	통통하다	날씬하다	어깨가 넓다	뚱뚱하다

3) 여러분 가족이나 친구의 외모를 설명해 보세요.

2. 성격을 설명하는 표현을 알아봅시다.

고집이 세다	내성적이다	무뚝뚝하다	사교적이다	활발하다
성격이 급하다	소심하다	유머 감각이 있다	자상하다	솔직하다

1) 여러분이 아는 사람 중에 이런 사람이 있습니까?

① 우리 오빠는 내 생일 때마다 잊지 않고 내가 좋아하는 꽃과 선물을 사다 준다. 그리고 아플 때는 약을 사다 주고, 맛있는 것도 만들어 준다. 정말 (   ) 사람이다.

② 우리 아빠는 별로 말도 없고 잘 웃지도 않으신다. 내가 질문을 해도 "응." 또는 "아니야." 와 같이 간단하게 대답하신다. 아주 (   ) 사람이다.

③ 우리 엄마는 모든 일을 '빨리빨리' 해야 한다. 아침에 회사에 출근할 때도 10분 안에 준비를 다 끝내고, 밥도 5분이면 다 드신다. 정말 (   ) 사람이다.

④ 내 여자 친구는 정말 (   ). 보통 때는 부드러운데 자기가 맞다고 생각하는 일에 대해서는 절대 생각을 바꾸지 않는다.

⑤ 우리 언니는 다른 사람이 한 말이나 행동 때문에 잠을 못 자는 날이 많다. 그리고 다른 사람의 부탁도 잘 거절하지 못한다. 성격이 (   ).

2) 여러분의 성격은 어떻습니까?

말하기

문법 1 –나/(으)ㄴ가 보다

저기 왜 사람들이 모여 있어?

글쎄, 무슨 일이 있나 봐.

1. 다음과 같이 묻고 대답해 봅시다.

> **가:** 제프리가 전화를 안 받네요.
> **나:** 바쁜가 봐요. 조금 이따가 해 보세요.

가	나
1) 제프리가 전화를 안 받다	바쁘다
2) 압둘라가 결석을 했다	아프다
3) 이리나가 화장을 예쁘게 했다	데이트가 있다
4) 장핑이 계속 시계를 보다	약속이 있다
5) 왕설이 표정이 안 좋다	시험을 못 보다

2. 그림을 보고 추측해서 이야기해 봅시다.

> 방이 더러워요.
> 청소를 자주 안 하나 봐요.

문법 2 -게 하다

마키 씨는 정말 책을 많이 읽네요.

어렸을 때부터 엄마가 책을 많이 읽게 하셨어요. 그래서 습관이 된 것 같아요.

1. 다음과 같이 말해 봅시다.

> 엄마, 아이 – 우유를 마시다
> → 엄마가 아이에게 우유를 마시게 했어요.

1) 엄마, 아이 – 우유를 마시다
2) 선생님, 학생들 – 숙제를 하다
3) 나, 룸메이트 – 청소를 하다
4) 엄마, 아이 – 사탕을 못 먹다
5) 언니, 동생 – 방에 들어오지 못하다
6) 엄마, 아이 – 자다
7) 선생님, 학생들 – 의자에 앉다

2. 같이 이야기해 봅시다.

여자/남자 친구가 생긴다면 무엇을 하게/못 하게 할 거예요?

나중에 결혼을 하면 남편/아내에게 무엇을 하게/못 하게 할 거예요?

나중에 아이가 생긴다면 무엇을 하게/못 하게 할 거예요?

저는 지금 남자 친구가 없어요. 그런데 남자 친구가 생기면 저와 같이 운동을 하게 할 거예요. 저는 운동을 좋아해서 남자 친구와 같이 매일 운동하고 싶어요. 그렇지만 술은 못 마시게 할 거예요. 저는 술을 못 마시는데 남자 친구만 술을 마시는 것은 싫어요. 이런 남자가 있으면 소개해 주세요.

대화 1

● 간토야와 투이는 무엇에 대해 이야기합니까? 10-1

간토야　너, 남자 친구 생겼다면서? 축하해! 그런데 어떻게 만났어?
투이　친구 생일 파티에서 만났는데 첫눈에 반했어.
간토야　그 남자가 진짜 멋있었나 보다.
투이　외모는 평범하지만 웃을 때 인상이 좋았어.
간토야　성격은 어때?
투이　유머 감각이 있어.
또 자상하게 잘 챙겨 주고,
항상 나를 웃게 해 줘.
간토야　진짜 좋겠다.

1. 확인해 봅시다.

1) 투이는 남자 친구를 어떻게 만났습니까?

2) 투이의 남자 친구는 외모와 성격이 어떻습니까?

2. 대화를 만들어서 발표해 봅시다.

웃을 때 인상이 좋다	유머 감각이 있다
옷을 잘 입어서 멋있다	착하다
정말 귀엽다	성격이 활발하다
키가 크고 목소리가 좋다	내 말을 잘 들어 주다

대화 2

- 간토야가 이소연 선생님을 찾으러 사무실에 왔습니다. 어떻게 이야기합니까?

1. 대화를 만들어 봅시다.

대화에 무슨 내용이 필요해요?	어떤 표현을 사용할 수 있어요?
방문 목적 밝히기	____ 계신가요? ____을/를 만나러 왔는데요
외모 설명하기	머리 모양, 얼굴, 키 등
성격 및 특징 설명하기	성격, 기타 특징(안경, 옷 등)

2. 대화를 들으면서 확인해 봅시다. 10-2

간토야	이 선생님 계신가요?
선생님	이 선생님이 여러 분 계시는데 어떤 분을 찾아요?
간토야	제가 성함을 잊어버렸는데, 여자 선생님이시고 키가 좀 크세요.
선생님	안경을 끼셨어요?
간토야	네. 그리고 목소리가 크고 활발하신 분이에요.
선생님	아, 알겠어요. 혹시 이소연 선생님 아니에요?
간토야	네, 맞아요.
선생님	여기가 이소연 선생님 자리인데, 자리에 안 계신 걸 보니 잠깐 나가셨나 봐요. 아! 저기 오시네요.
이소연 선생님	간토야 씨, 많이 기다렸어요? 기다리게 해서 미안해요.

3. 확인해 봅시다.

1) 간토야는 왜 사무실에 왔습니까?

2) 이 선생님의 외모와 성격은 어떻습니까?

활동

● 외모와 성격을 설명해 봅시다.

1) 그림을 보고 사람들의 외모를 설명해 봅시다.

2. 우리 반 친구들의 외모와 성격을 설명하고 누구인지 맞혀 봅시다.

듣고 말하기

- 여러분은 자신의 혈액형을 알고 있습니까?
- 여러분은 자신의 별자리를 알고 있습니까?

미리 듣기

- 네 사람의 말을 듣고 알맞은 그림을 골라 봅시다. 10-3

1) (　　　)　　2) (　　　)　　3) (　　　)　　4) (　　　)

가.

A형

나.

O형

다.

AB형

라.

B형

듣기

- 이리나와 윤아가 혈액형과 별자리에 대해 이야기합니다. 들어 봅시다. 10-4

1. 듣고 이야기해 봅시다.

1) 윤아와 이리나의 혈액형은 무엇입니까? 연결하십시오.

윤아 •	• A형
이리나 •	• B형
	• 모른다

2) 윤아의 별자리는 무엇입니까?

□ 양자리　　□ 염소자리　　□ 모른다

2. 들은 내용과 같으면 O, 다르면 × 하십시오.

1) 이리나는 작은 일에 신경을 많이 쓰는 편이다. (　　)
2) 한국에서는 혈액형에 따라 성격이 다르다고 말하는 사람들이 있다. (　　)
3) 러시아 사람들은 혈액형에 대해 관심이 많다. (　　)
4) 혈액형에는 양자리, 염소자리 등이 있다. (　　)

3. 친구와 묻고 대답해 봅시다.

1) 이리나는 왜 마음이 편하지 않습니까?
2) 한국에서는 A형의 성격이 어떻다고 합니까?
3) 한국에서는 B형의 성격이 어떻다고 합니까?
4) 두 사람은 대화 후에 무엇을 하려고 합니까?

4. 발음에 주의하면서 듣고 따라 해 봅시다. 10-5

1) 뭘 그런 걸 가지고 신경을 써?
2) 한국에서는 혈액형에 따라 사람 성격이 다르다고 해.
3) 예를 들면 A형 사람들은 내성적이고 소심하지만 성실한 편이래.
4) 쌀을 많이 먹으면 살이 찐다고 하지만 그것은 사실이 아니다.

활동 다음 표에서 나의 별자리를 찾아 읽고 친구와 이야기해 봅시다.

① 물병자리(01/20~02/18) 마음에 여유가 있으며, 책임감이 있다. 그러나 상처를 받으면 잘 잊지 못한다. 특히 첫사랑을 절대 잊지 못한다고 한다.	**② 물고기자리(02/19~03/20)** 다른 사람의 이야기를 잘 들어 주고 좋은 분위기에서 즐겁게 대화하는 것을 좋아한다. 사랑이 많고 자상하다.	**③ 양자리(03/21~04/19)** 거짓말을 잘하지 못하고 솔직하지만 외로움도 많이 느낀다. 그래서 항상 같이 놀고 시간을 보낼 사람들을 찾는다.	**④ 황소자리(04/20~05/20)** 마음이 넓고 친구들에게 인기가 많지만 좀 무뚝뚝한 편이다. 다른 사람에게 부담을 주는 것을 싫어하고, 자기가 책임을 지는 것도 싫어한다.
⑤ 쌍둥이자리(05/21~06/21) 머리가 좋고 이해를 잘한다. 다양한 것에 관심이 많지만 성실하지 않아서 일을 끝내지 못하는 경우가 많다.	**⑥ 게자리(06/22~07/22)** 큰 모임보다는 작은 모임을 좋아한다. 자신과 가까운 사람에게는 최선을 다하지만 가깝지 않은 사람에게는 관심이 없다. 완벽주의자가 많다.	**⑦ 사자자리(07/23~08/22)** 일도 잘하고 운동도 좋아한다. 고집이 세고 좋아하고 싫어하는 것이 분명하다.	**⑧ 처녀자리(08/23~09/23)** 자신의 계획에 맞추어 생활하는 것을 좋아한다. 감정을 밖으로 잘 표현하지 않는다.
⑨ 천칭자리(09/24~10/22) 매일의 행복을 중요하게 생각한다. 그래서 친구들과 즐거운 시간을 보내는 것을 좋아한다. 외모도 잘 꾸미기 때문에 이성에게 인기도 많다.	**⑩ 전갈자리(10/23~11/22)** 겉으로는 친절하고 말을 안 해서 조용해 보이지만 속으로는 큰 계획을 가지고 있다. 다른 사람들에게 마음을 잘 열지 않기 때문에 비밀이 많아 보인다.	**⑪ 사수자리(11/23~12/24)** 정해진 규칙이나 잔소리를 싫어하고 변화를 좋아한다. 그리고 조용한 사람보다 활발한 사람을 좋아한다.	**⑫ 염소자리(12/25~01/19)** 내성적이고 보수적이다. 윗사람의 말을 잘 듣고 성실한 편이지만 작은 일에 신경을 많이 쓴다. 상황에 따라 성격이 달라지기도 한다.

문법 3 -느라고

1. 다시 들어 봅시다. 10-6

윤아	뭘 그런 걸 가지고 신경을 써? 신경 쓰지 마.
이리나	사실 저는 걱정이 좀 많은 편이에요. 크고 작은 일에 신경 **쓰느라고** 잠을 못 잔 적도 많아요.

2. 다음과 같이 묻고 대답해 봅시다.

가: 왜 전화를 안 받았어요?
나: 음악을 듣느라고 벨 소리를 못 들었어요. 미안해요.

가	나
1) 전화를 안 받다	음악을 듣다
2) 청소를 안 하다	친구하고 놀다
3) 저녁을 안 먹다	영화관에서 영화를 보다
4) 시험공부를 안 하다	대입 서류를 준비하다
5) 학교에 안 오다	공항에 부모님을 모시러 가다

3. 다른 일 때문에 해야 하는 일을 못 한 적이 있습니까? 이야기해 봅시다.

방학 때 고향에 가지 못하다
숙제를 못 하다
잠을 못 자다
밥을 못 먹다
쉬지 못하다

가: 지난 방학 때 고향에 갔다 왔어요?
나: 아니요, 못 갔어요.
가: 왜요?
나: 방학 때 아르바이트를 하고 토픽 시험도 봤어요. 여러 가지 일을 하느라고 시간이 없어서 고향에 못 갔어요.

읽고 말하기

- 여러분 가족들의 성격은 어떻습니까?
- 여러분과 가족들은 성격이 비슷합니까?

미리 읽기

- 다음 글을 읽고 빈칸에 알맞은 표현을 써 봅시다.

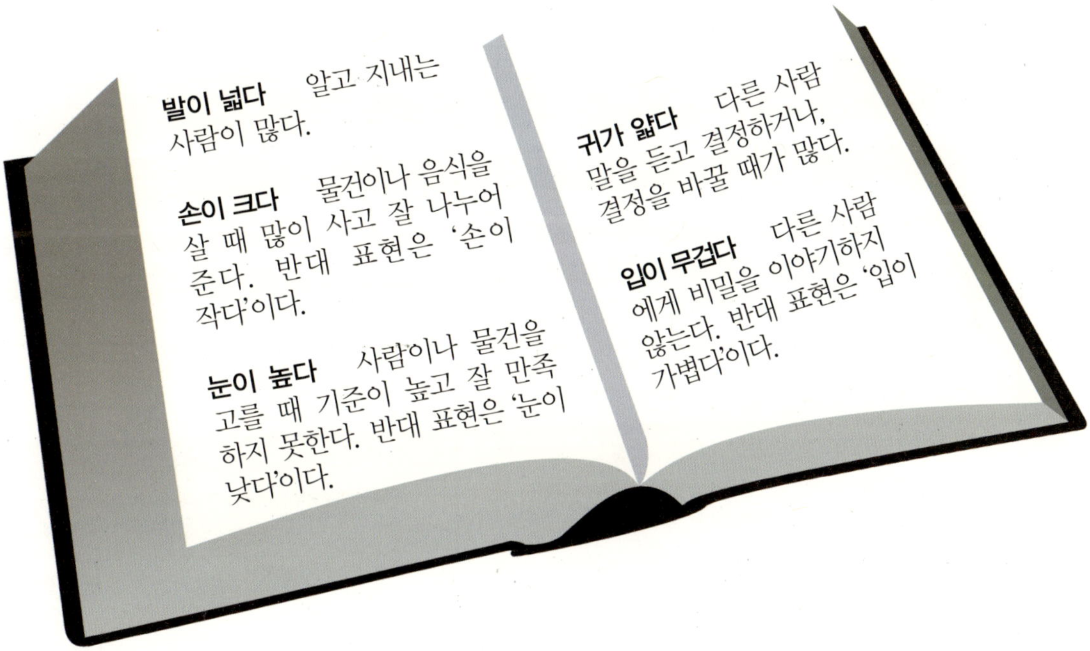

1) 마키는 비밀을 절대 다른 사람에게 말하지 않아요. → (　　　　)

2) 바트는 사교적이어서 친구가 많아요. → (　　　　)

3) 장설은 물건을 살 때도 많이 사고, 음식을 할 때도 많이 해서 친구들하고 나눠 먹는 것을 좋아해요.
→ (　　　　)

4) 장핑은 친구들이 좋다고 하는 물건은 필요하지 않아도 꼭 사요. → (　　　　)

5) 이리나는 "내 남자 친구는 키가 커야 하고, 성격도 좋아야 하고, 인상도 좋아야 하고, 그리고 ……."라고 말해요. 아마 절대 남자 친구를 사귀지 못할 거예요. → (　　　　)

읽기

● 우리 가족에 대한 만화입니다. 읽어 봅시다.

정말 우리 엄마는
.
윤아야!
윤아야!
어, 오빠.
왜?
이 사람은
우리 오빠예요.
나 오늘 어떠니?
좀 멋있어 보여?
오늘 또 소개팅해?
오빠는 매일 소개팅만 하면 뭐 해?
이 여자는 키가 작아서 싫다고 하고,
저 여자는 너무 내성적이어서 싫다고 하고.
이번에는 또 뭐 때문에 싫다고 할 거야?
무슨 소리야! 내가 언제 그랬어?
오빠, 오빠처럼
결혼을 할 수 있겠어? 제발 정신 좀 차려.
언니~
응. 무슨 일 있어?
이 사람은
우리 언니예요.
언니, 나 고민이 있어.
얼마 전에 남자 친구와 크게
싸웠는데 헤어질까 말까
고민 중이야.
무슨 일로
싸웠는데?
어쩌고
저쩌고…….
야, 그런 일로 헤어지면
어떡해? 네가 잘못한 거니까
먼저 사과해.

언니는 그렇게 생각해? 알았어. 그런데 언니, 엄마랑 아빠한테 절대 말하면 안 돼! 또 잔소리하실 거야.
걱정 마. 내가 네 비밀을 다른 사람한테 이야기한 적 있니?
없지. 언니는 정말 .
그러니까 내가 언니한테 비밀을 다 털어놓는 거잖아.
100KG
이렇게 우리 가족들은 성격이 참 다릅니다. 제 성격은 어떠냐고요? 제 성격은요…….
엄마! 시끄러워서 TV 소리가 안 들려요. 중요한 거 보고 있으니까 좀 조용히 해 주세요.
뭘 보는데?
홈 쇼핑요, 엄마. 저 가방 너무 예쁘지 않아요?
이 가방은 소가죽으로 만들어졌고……. 진짜 가볍고 좋아요. 사시면 절대 후회하지 않을 거예요. 빨리 주문하세요.
빨리 사야겠다. 엄마, 시간이 없어요. 다 매진이래요.
너! 얼마 전에도 노란색 가방 샀는데, 사 놓고 쓰지도 않았잖아. 그런데 또 사려고?
엄마, 그건 좀 무거워요. 그런데 이 가방은 아주 가볍고 좋다고 하잖아요.
너는 다른 사람이 좋다고 하면 다 믿을 거야? 너는 그게 문제야! 정말 너는
큰일이다.
제가 언제 그랬어요…….
우리 가족의 이야기 끝!

1. 읽고 이야기해 봅시다.

1) 무엇에 대한 만화입니까?

2) [　　　　　　　　]에 알맞은 표현을 넣어 보십시오.

2. 읽은 내용과 같으면 O, 다르면 X 하십시오.

1) 아빠에게는 친구가 많이 있다. (　　)
2) 엄마가 불고기와 잡채를 만들어서 가족끼리 먹었다. (　　)
3) 오빠는 소개팅을 자주 한다. (　　)
4) 오늘 나는 언니와 크게 싸웠다. (　　)
5) 나는 사 놓고 쓰지 않는 가방이 있다. (　　)

3. 친구와 묻고 대답해 봅시다.

1) 아빠의 성격은 어떻습니까? 왜 그렇게 생각합니까?
2) 엄마의 성격은 어떻습니까? 왜 그렇게 생각합니까?
3) 오빠의 성격은 어떻습니까? 왜 그렇게 생각합니까?
4) 언니의 성격은 어떻습니까? 왜 그렇게 생각합니까?
5) 나의 성격은 어떻습니까? 왜 그렇게 생각합니까?

활동 관용 표현에 대해 더 이야기해 봅시다.

발이 넓다　　귀가 얇다　　눈이 높다/낮다
입이 무겁다/가볍다　　손이 크다/작다

1) 여러분의 성격과 가장 비슷한 표현은 무엇입니까? 왜 그렇게 생각합니까?

2) 여러분 가족 중에 이런 성격을 가진 사람이 있습니까? 왜 그렇게 생각합니까?

3) 여러분 나라에도 다음과 같은 표현이 있습니까?

문법 4 –아/어 가지고[2]

1. 다시 읽어 봅시다.

윤아 엄마, 뭘 이렇게 많이 차리셨어요?
엄마 음식을 만들 때 많이 **만들어 가지고** 이웃이랑 같이 나눠 먹으면 좋잖아.

2. 그림을 보고 말해 봅시다.

음식을 만들어 가지고
가족들하고 같이 먹었어요.

1)

음식을 만들다 – 가족들하고 같이 먹다

2)

선물을 사다 – 친구에게 주다

3)
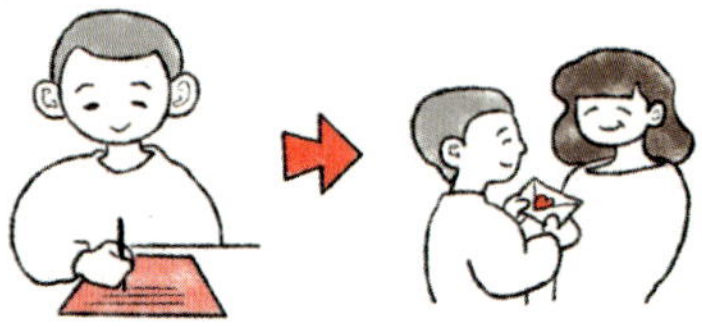
편지를 쓰다 – 엄마께 드리다

4)

쓰기 숙제를 하다 – 선생님께 제출하다

5)

채소를 작게 썰다 – 볶다

3. 여러분은 다음과 같은 상황에서 무엇을 준비하라고 하겠습니까? 이야기해 봅시다.

[발표]
선생님이 학생들에게

- ✓ 여러분, 내일까지 발표문을 써 가지고 오세요.
- ✓ ○○ 씨, 다음 주까지 PPT를 만들어 가지고 오세요.
- ✓ ______________________________.

[한국 유학]
내가 한국에 유학 오는 친구에게

- ✓ 한국에 올 때 개인 약을 준비해 가지고 오세요.
- ✓ ______________________________.

[이리나 생일 파티]
내가 친구들에게

- ✓ 생일 파티에 케이크를 사 가지고 오세요.
- ✓ ______________________________.

쓰기 5

글쓰기

자기소개서

1. '자기소개서'를 써 본 적이 있습니까?

언제 자기소개서가 필요합니까?

- 대학/대학원 입학
- 유학/어학 연수
- 동아리, 동호회 등 모임 가입
- 취업

2. 자기소개서에는 어떤 내용이 필요하고 무엇을 주의해서 써야 할까요?

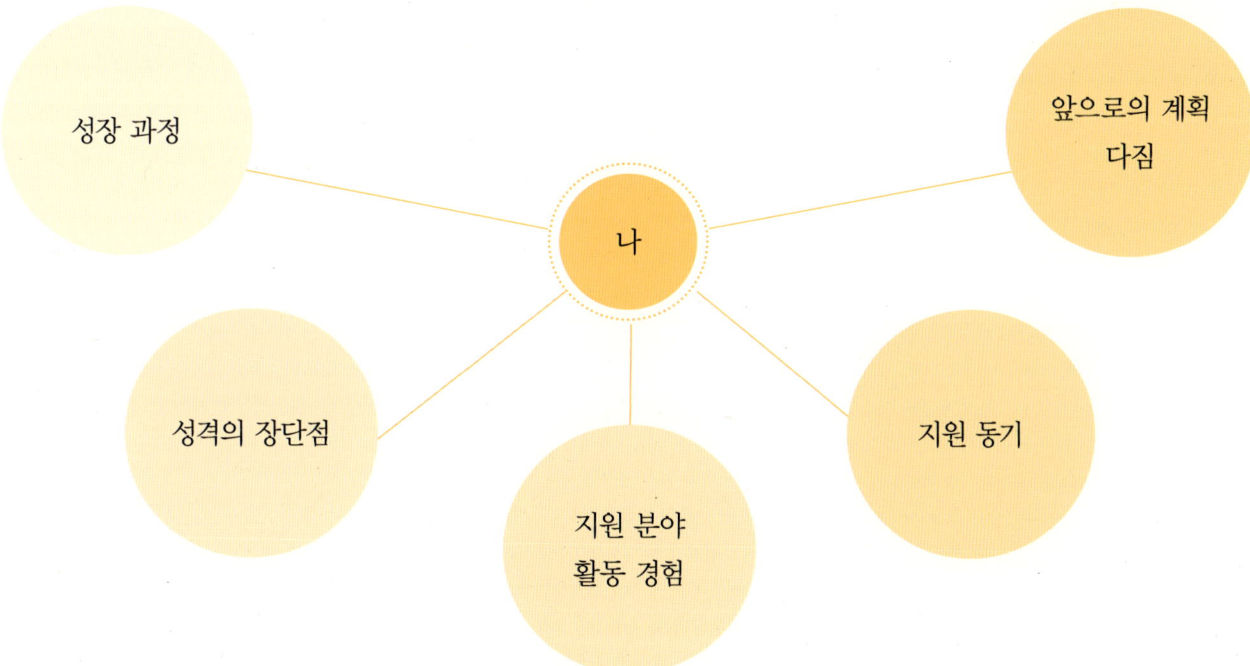

- 주의할 점

① 제출하는 기관에 따라 알맞은 정보와 내용으로 작성한다.
② 자신의 장점을 잘 보여 줄 수 있는 내용을 쓴다.
③ 성장 환경이나 성격에 대해 쓸 때는 재미있는 에피소드를 이용하는 것도 좋다.
④ 사실이 아닌 내용을 쓰거나 너무 과장하는 것은 좋지 않다.
⑤ '-ㅂ니다/습니다'를 사용하여 글을 쓴다.

3. 자기소개서를 쓸 때 사용하면 좋은 표현을 알아봅시다.

지원 동기	성격의 장단점	앞으로의 계획
-고 싶어서 -기 때문에 -기 위해서	-(으)며 -기는 하지만 -는/(으)ㄴ 편이다	-(으)려고 하다 -(으)ㄹ 것이다 -겠다

4. 무엇을 써야 할지 정리해 봅시다.

처음	간단한 자기소개와 지원 동기	
가운데	성장 과정	
	성격의 장단점	
	지원 분야 관련 활동 경험	
끝	앞으로의 계획 다짐	

5. 자기소개서를 써 봅시다.

11
한국

어휘·표현

한국의 명절과 공휴일 관련 어휘

말하기

문법 –기도 하고 –기도 하다
–ㄴ다니까/는다니까

한국의 공휴일에 대해 설명하기

추석에 대해 설명하기

듣고 말하기

한국의 인상적인 음식 문화에 대한 인터뷰

문법 만 해도

읽고 말하기

한국과 한국인에 대한 발표문

문법 –다니

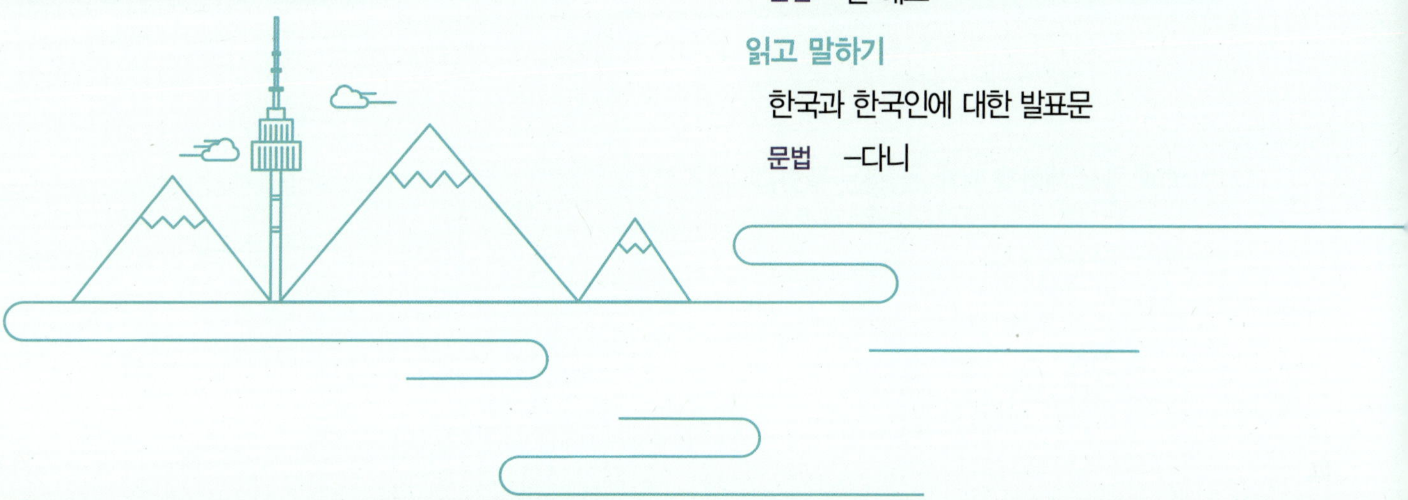

11과 한국

준비

● 여러분은 '한국' 하면 제일 먼저 무엇이 생각납니까?

● 한국에 와서 새롭게 알게 된 것은 무엇입니까?

□ 한국인의 특징　　□ 음식 문화　　□ 명절과 공휴일　　□ 기타

어휘 · 표현

1. 한국의 대표적인 명절에 대해 알아봅시다.

명절	하는 일	특별한 음식
설날 음력 1월 1일	차례를 지내다 성묘하다 세배를 드리다 덕담하다 윷놀이를 하다	떡국 
추석(한가위) 음력 8월 15일	햇곡식/햇과일을 먹다 차례를 지내다 성묘하다 보름달을 보며 소원을 빌다	송편 

1) 그림을 보고 알맞은 표현을 찾아봅시다.

①

②

③

④

⑤

⑥

2) 설날에는 어떤 인사를 주고받습니까?

여러 가지 덕담	✓ 새해 복 많이 받으세요. ✓ 올해 바라는 모든 일이 이루어지기를 바랍니다. ✓ ✓

2. 다음은 한국의 공휴일입니다. 각 공휴일에 대한 설명에 맞는 단어를 쓰십시오.

독립하다	세우다	기념하다	돌아가시다

1) 현충일 6월 6일 나라를 위해 싸우다가 (　　　　　　) 분들을 기억하는 날이다.

2) 광복절 8월 15일 한국이 (　　　　　　) 것을 축하하는 날이다.

3) 개천절 10월 3일 단군이 이 땅에 처음 나라를 (　　　　　　) 것을 기념하는 날이다.

4) 한글날 10월 9일 세종대왕이 한글을 만든 것을 (　　　　　　) 날이다.

3 한국의 공휴일에 대해 더 알아봅시다.

✓ 신정(1월 1일)
✓ 삼일절(3월 1일)
✓ 어린이날(5월 5일)
✓ 부처님 오신 날(음력 4월 8일)
✓ 크리스마스(12월 25일)

말하기

문법 1 -기도 하고 -기도 하다

마키 씨는 주말에 보통 뭘 해요?

고향 음식을 만들어 먹기도 하고 친구랑 쇼핑하기도 해요.

1. 다음과 같이 묻고 대답해 봅시다.

가: 대학생들은 방학 때 보통 뭐 해요?
나: 여행을 가기도 하고 아르바이트를 하기도 해요.

가	나
1) 대학생들은 방학 때 보통 뭐 해요?	여행을 가다, 아르바이트를 하다
2) 쇼핑하기 좋은 곳을 어떻게 찾아요?	인터넷을 검색하다, 친구에게 묻다
3) 한국 사람들은 김치를 집에서 만들어요?	만들다, 사다
4) 곧 학교를 졸업하는데 기분이 어때요?	좋다, 아쉽다
5) 한국에 처음 왔을 때 기분이 어땠어요?	낯설다, 설레다

2. 같이 이야기해 봅시다.

○○ 씨는 명절에 주로 뭐 해요?

○○ 씨는 한가할 때 주로 뭐 해요?

혼자 살아 보니까 어때요?

가: 윤아 씨는 명절에 주로 뭐 해요?
나: 어머니가 음식 만드시는 걸 돕기도 하고 친구들을 만나서 놀기도 해요.
가: 윤아 씨 집은 음식을 많이 만들어요?

문법 2 -ㄴ다니까/는다니까

날씨가 더운데 주말에 뭘 하면 좋을까요?

한강에 야외 수영장이 있다니까 우리 수영하러 가요.

1. 다음과 같이 묻고 대답해 봅시다.

서울 식당 불고기가 참 맛있어요.

오늘 뭐 먹으러 갈까요?

서울 식당 불고기가 맛있다니까 거기로 가요.

- ✔ 서울 식당 불고기가 참 맛있어요.
- ✔ 도서관 지하 카페가 좋아요.
- ✔ 통학 버스는 15분마다 와요.
- ✔ 저는 매운 음식을 못 먹어요.
- ✔ 2급 때 남이섬에 가 봤어요.

1) 오늘 뭐 먹으러 갈까요?
2) 어디에 가서 얘기할까요?
3) 통학 버스를 놓쳤는데 그냥 택시 탈까요?
4) 마키 씨와 같이 매운탕 먹으러 갈까요?
5) 이번 주말에 마키 씨와 같이 남이섬에 가는 게 어때요?

2. 아래의 블로그 글을 읽고 주말 계획에 대해 이야기해 봅시다.

DDP 밤도깨비 야시장

더운 여름 밤, DDP 밤도깨비 야시장에서 문화 행사와 함께 아름다운 야경을 즐겨 보세요.

	금	토	일
즐길 거리	음악 공연	패션쇼	디자인 상품 할인 행사
먹거리	푸드 트럭 바비큐 파티		

가: 이번 주말에 뭐 할까요?
나: DDP에서 밤도깨비 야시장을 한다니까 거기 가 볼까요?
가: 좋아요. 무슨 요일에 갈까요?

대화 1

● 윤아와 알렉세이가 무엇에 대해 이야기합니까? 11-1

알렉세이	윤아 씨, 다음 주 수요일이 공휴일이던데 무슨 날이에요?
윤아	아, 10월 9일이요? 그날은 한글날이에요.
알렉세이	한글날이요?
윤아	네, 세종대왕이 한글을 만든 것을 기념하는 날이에요.
알렉세이	그렇군요. 한글날에 사람들이 특별히 하는 게 있어요?
윤아	그냥 집에서 쉬기도 하고 기념행사에 참가하기도 해요.
알렉세이	어떤 행사가 열리는데요?
윤아	올해는 '한글 예쁘게 쓰기 대회'가 열린다고 해요. 외국인도 참가할 수 있다니까 한번 가 보세요.

1. 확인해 봅시다.

1) 한글날은 어떤 날입니까?

2) 한글날에 사람들은 어떤 일을 합니까?

2. 대화를 만들어서 발표해 봅시다.

10월 9일	한글날	세종대왕이 한글을 만들다	한글 예쁘게 쓰기 대회
8월 15일	광복절	한국이 독립하다	태극기 그리기 행사
10월 3일	개천절	단군이 이 땅에 나라를 처음 세우다	전통 놀이 체험 행사

대화 2

● 윤아와 제프리가 추석에 대해 이야기합니다. 어떻게 이야기합니까?

1. 대화를 만들어 봅시다.

대화에 무슨 내용이 필요해요?	어떤 표현을 사용할 수 있어요?
명절에 특별히 하는 일 설명하기	-기도 하고 -기도 하다
특별한 명절 음식 설명하기	-는데/(으)ㄴ데
추석 계획 말하기	-기로 하다
추석에 할 일 추천하기	-ㄴ다니까/는다니까 -아/어 보세요

2. 대화를 들으면서 확인해 봅시다. 11-2

제프리 윤아 씨, 다음 주가 추석이잖아요. 한국 사람들은 추석에 뭐 해요?
윤아 가족들이 모두 모여서 차례를 지내기도 하고 여행을 가기도 해요.
제프리 추석에 특별히 먹는 음식이 있어요?
윤아 송편을 먹어요.
제프리 송편은 어떤 음식이에요?
윤아 반달 모양의 떡인데 예쁘게 만들면 예쁜 딸을 낳는다고 해요.
제프리 재미있네요. 윤아 씨는 이번 추석에 뭐 할 거예요?
윤아 저는 친구들하고 남산에 보름달을 보러 가기로 했어요. 보름달을 보면서 소원을 빌면 이루어진다니까 제프리 씨도 해 보세요.

3. 확인해 봅시다.

1) 추석에 한국 사람들은 무엇을 합니까?

2) 윤아는 제프리에게 추석에 무엇을 해 보라고 했습니까?

활동

● 여러분 나라의 중요한 공휴일에 대해 이야기해 봅시다.

공휴일	언제입니까?	무엇을 기념합니까?	특별한 행사가 있습니까?

듣고 말하기

- 한국 음식을 먹을 때 독특하다고 느낀 적이 있습니까?
- 왜 그렇게 느꼈습니까?

미리 듣기

- 음식을 먹는 방법에 대해 듣고 이야기해 봅시다. 11-3

1) 어떻게 먹는 것이 좋습니까?

① 

(　　　)　(　　　)

② 

(　　　)　(　　　)

2) 다시 한번 듣고 빈칸에 알맞은 말을 쓰십시오.

① 상추에다가 밥과 고기를 올리고 쌈장을 넣어서 이렇게 (　　　　) 거야.

② 고추장과 참기름을 좀 넣고 잘 (　　　　) 드세요.

듣기

- 방송국 리포터가 인터뷰를 하고 있습니다. 들어 봅시다. 11-4

1. 듣고 이야기해 봅시다.

1) 리포터는 무엇에 대해 인터뷰하고 있습니까?

2) 아래 표에 들은 내용을 쓰십시오.

이름	한국 음식을 먹을 때 인상적이었던 점
알렉세이	
에바	

2. 들은 내용과 같으면 O, 다르면 X 하십시오.

1) 리포터는 한식당에서 인터뷰를 했다. ( )
2) 알렉세이는 식당 아주머니에게 쌈을 싸 먹는 방법을 배웠다. ( )
3) 알렉세이는 처음 쌈을 먹을 때 고기와 채소를 따로 먹었다. ( )
4) 에바는 집에서도 밥을 비벼 먹을 때가 있다. ( )

3. 친구와 묻고 대답해 봅시다.

1) 알렉세이는 쌈을 싸 먹는 것이 어떻다고 생각합니까?
2) 알렉세이 친구는 쌈을 어떻게 만들었습니까?
3) 에바는 한식당에서 어떤 일이 있었습니까?
4) 에바는 비빔밥을 비벼서 먹은 후 어떤 생각을 했습니까?
5) 리포터는 음식 문화에 대해 뭐라고 했습니까?

4. 발음에 주의하면서 듣고 따라 해 봅시다. 11-5

1) 지금 저는 '한국 음식 문화 축제'가 열리고 있는 성북동에 나와 있는데요.
[축쩨] [성북똥]

2) 외국 분들을 만나 한국의 음식 문화에 대해 얘기 나눠 보겠습니다.
[외국 뿐]

3) 새집으로 이사 가면 집들이를 하려고 한다.
[집뜨리]

4) 매운 김치찌개를 먹어서 입술이 아파요.
[입쑬]

활동 여러분의 나라와 한국은 음식을 먹는 방법이 어떻게 다릅니까? 또 식사할 때 문화는 어떻게 다릅니까? 이야기해 봅시다.

국가	식사 문화

문법 3 만 해도

1. 다시 들어 봅시다. 11-6

에바 처음 한국에 왔을 때 한식당에 간 적이 있었어요. **그때만 해도** 비빔밥을 비벼서 먹는 걸 몰라서 채소를 먼저 집어 먹었어요.

2. 다음과 같이 묻고 대답해 봅시다.

가: 매운 음식을 잘 드시네요.
나: 1년 전만 해도 잘 못 먹었는데 한국에 와서 좋아하게 되었어요.

가	나
1) 매운 음식을 잘 드시네요.	1년 전 – 잘 못 먹었다
2) 한국말을 잘하시네요. 오래 배웠어요?	8개월 전 – 인사밖에 몰랐다
3) 투이 씨 좀 만나러 왔는데요. 어디 있어요?	조금 전 – 여기 있었다
4) 날씨가 갑자기 추워졌지요?	지난주 – 따뜻했다
5) 오늘 학생 식당 메뉴가 하나밖에 없네.	아까 – 다른 메뉴가 있었다
6) 장핑 씨가 많이 아프다면서요? 학교에 안 왔네요.	어제 – 괜찮았다

3. 과거와 현재를 비교하면 무엇이 달라졌는지 이야기해 봅시다.

교통 유행 환경 기타

〈과거〉

〈현재〉

5년 전만 해도 지갑에 돈과 카드를 넣고 다녔는데 지금은 핸드폰만 가지고 다녀요.

읽고 말하기

- 여러분이 한국에 와서 본 한국과 한국인은 어떻습니까?

- 한국에 오고 나서 한국에 대한 인상이 바뀌었습니까?

미리 읽기

- 마키가 만든 PPT를 보고 이야기해 봅시다.

1) 마키는 무엇에 대해 발표합니까?

2) PPT의 네 번째 슬라이드에는 어떤 제목이 좋겠습니까?

읽기

마키가 한국인에 대해 쓴 발표문입니다. 읽어 봅시다.

안녕하세요? 저는 일본에서 온 마키라고 합니다. 저는 한국에 온 지 1년이 되었습니다. 한국에 오기 전에는 두 나라가 매우 가깝기 때문에 비슷한 점이 많을 거라고 생각했습니다. 하지만 한국에서 다양한 사람을 만나면서 깜짝 놀라는 경험을 종종 하게 됐습니다. 오늘은 여러분에게 제가 본 한국인의 모습에 대해 말씀드리겠습니다.

처음 한국에 와서 버스를 탔을 때 기사님과 손님이 자연스럽게 날씨 얘기를 하는 걸 보았습니다. 두 분이 무척 친하게 대화를 하고 있어서 아는 사이인 줄 알았는데 계속 들어 보니까 그 손님과 버스 기사님은 처음 만난 사이였습니다. 일본에서는 처음 본 사람들끼리 대화를 잘 하지 않기 때문에 정말 신기했습니다. 그 후에도 한국에서 비슷한 일을 몇 번 보게 되었고, 그래서 한국 사람들은 처음 본 사람과도 친하게 대화할 수 있다는 것을 알게 되었습니다.

다음으로 한국 친구들이 대화할 때 웃으면서 상대방의 어깨를 치거나 팔짱을 끼는 모습을 보고 놀랐습니다. 왜냐하면 굉장히 가까운 거리에서 자연스럽게 몸이 닿을 때가 많았기 때문입니다. 한국은 사람들이 서 있거나 서로 얘기할 때 사람 사이의 거리가 우리 나라보다 가까운 것 같습니다.

마지막으로 한국 사람들이 사용하는 호칭에 대해 말씀드리겠습니다. 한국 학교에서는 후배가 선배를 부를 때, '오빠', '형', '누나', '언니'라고 부릅니다. 또 가게에서 손님이 점원을 부를 때 '언니'라고 하거나, 식당 손님이 일하시는 아주머니를 부를 때 '이모'라고 하는 경우도 많습니다. 가족이 아닌데 가족 호칭을 사용하다니 처음에는 좀 신기하고 이상했습니다. 한국 사람들이 다른 사람에게 가족 호칭을 사용하는 이유가 뭘까요? 아마 한국 사람들은 다른 사람과 가족처럼 친하게 이야기를 하고 싶어서 그런 것 같습니다. 이제는 저도 단골 식당에서 밥을 먹을 때 '이모, 반찬 좀 더 주세요.'라고 말합니다. 그럼 그분이 반찬을 갖다주시면서 한국어 공부를 열심히 하고 있냐고 다정하게 말을 걸어 주십니다. 그렇게 식당 이모님과 즐겁게 대화를 나누고 식사를 하면 집에서 밥을 먹는 것처럼 기분이 좋습니다.

저는 사람과 사람 사이가 가까운 한국이 참 좋습니다. 따뜻함을 느낄 수 있기 때문입니다. 요즘 현대 사회는 모든 것이 편리해지고 빨리 변하고 있지만 사람 사이는 멀어지고 있어서 아쉽습니다. 한국은 오랫동안 이 따뜻한 문화를 계속 간직했으면 좋겠습니다.

이상으로 제 발표를 마치겠습니다. 잘 들어 주셔서 감사합니다.

1. 읽고 이야기해 봅시다.

1) 마키는 한국 사람들의 어떤 모습을 보고 놀랐습니까?

버스를 탔을 때	
친구들이 대화할 때	
식당에서 밥을 먹을 때	

2) 마키는 왜 한국을 좋아합니까?

2. 읽은 내용과 같으면 O, 다르면 X 하십시오.

1) 마키가 탔던 버스의 기사님과 손님은 친구였다. ( )
2) 한국에서는 친한 친구끼리 이야기할 때 몸이 닿을 때가 많다. ( )
3) 한국 사람들은 가족이 아닌 사람에게 가족 호칭을 사용하기도 한다. ( )
4) 마키 씨가 자주 가는 식당의 사장님은 마키 씨의 이모이다. ( )

3. 친구와 묻고 대답해 봅시다.

1) 마키는 버스에서 기사님과 손님이 얘기하는 모습을 보고 왜 신기하다고 생각했습니까?
2) 마키는 한국 친구들이 대화하는 모습을 보면서 어떤 생각을 했습니까?
3) 마키는 한국 사람들이 가게 직원이나 식당 아주머니에게 사용하는 호칭을 듣고 왜 이상하다고 생각했습니까?
4) 마키는 단골 식당에서 밥을 먹을 때 어떤 기분이 듭니까?

활동 마키가 만든 PPT의 뒷부분을 완성해 봅시다.

①

②

문법 4 -다니

1. 다시 읽어 봅시다.

가족이 아닌데 가족 호칭을 **사용하다니** 처음에는 좀 신기하고 이상했습니다.

2. 다음과 같이 묻고 대답해 봅시다.

가: 우리 옆집에서 엄마 개가 아기 고양이를 키운다고 해요.
나: 정말요? 개가 고양이를 키우다니 신기하네요.

가	나
1) 우리 옆집에서 엄마 개가 아기 고양이를 키운다고 하다	신기하다
2) 내 고향은 눈이 많이 오는데 보통 1m 이상 쌓이다	놀랍다
3) 주말에 고향으로 돌아가다	너무 서운하다
4) 내 친구는 5개 외국어를 할 수 있다	부럽다
5) 마키 씨가 토픽 5급에 합격했다고 하다	대단하다
6) 이건 사실 사진이 아니라 그림이다	믿을 수 없다

3. 여러분이 알고 있는 놀랄 만한 일을 친구와 함께 이야기해 봅시다.

자동차에 많이 타기	세상에서 가장 큰 비빔밥	
소형차에 21명이 탐	무게 2,800kg, 6,900인분	

가: '자동차에 많이 타기'를 했는데 21명이 탔다고 해요.
나: 정말요? 믿어지지 않네요.
다: 와, 작은 차에 그렇게 많이 타다니 놀랍네요!

12 고민 상담

어휘·표현

고민 관련 어휘

말하기

문법　-(으)ㄹ까 봐

　　　만큼

걱정과 고민 상담하기

조언하기

듣고 말하기

개인적인 고민을 나누는 대화

문법　-아/어 달라고/주라고 하다

읽고 쓰기

인터넷 고민 상담 글

문법　-아/어 버리다

12과 고민 상담

준비

● 여러분은 요즘 어떤 걱정과 고민을 하고 있습니까?

● 여러분은 고민이 있을 때 어떻게 합니까?

- □ 친구와 이야기한다.
- □ 부모님이나 선생님께 조언을 구한다.
- □ 책이나 인터넷에서 필요한 정보를 찾아본다.
- □ 기타

어휘 · 표현

1. 사람들은 무슨 일 때문에 고민합니까?

고민

성격	외모	인간관계	생활	공부/진로
자신감 부족	얼굴 키 몸매	친구 부모	돈 나쁜 습관	한국어 실력 전공 선택 취업

- 여러분은 어떤 문제를 걱정하고 고민합니까? 이야기해 봅시다.

성격	✓ 소심하고 자신감이 별로 없다. ✓ 작은 일에도 짜증이 난다. ✓
외모	✓ 몸이 너무 말랐다. ✓
인간관계	✓ 룸메이트와 성격이 잘 안 맞는다. ✓ 부모님과 말이 잘 안 통한다. ✓ 주변 사람들과 오해가 많이 생긴다. ✓ 불만이 있어도 말을 못 한다. ✓
생활	✓ 돈을 낭비한다. ✓
공부 / 진로	✓ 한국어가 서툴러서 공부하는 것이 힘들다. ✓

2. 여러분은 다른 사람과 문제가 생기면 어떻게 합니까?

문제가 생기다 → 관계가 나빠지다 → 해결 방법

- ✓ 사과하다
- ✓ 대화로 풀다
- ✓ 상담하다 → 조언을 구하다 / 조언을 듣다
- ✓ 혼자 해결하다

● 다음 상황을 설명하는 표현을 위에서 골라 쓰십시오.

문제가 생기다	①	②	③
			④

3. 다른 사람과 문제가 생겼을 때 기분이 어떻습니까?

답답하다　　힘들다　　속상하다　　짜증이 나다

● 같이 이야기해 봅시다.

1) 여러분은 문제가 있을 때 혼자 해결하는 편입니까? 다른 사람과 이야기하면서 해결하는 편입니까?

2) 여러분은 문제가 있을 때 보통 누구한테서 조언을 구합니까?

3) 다른 사람과 오해가 생겨서 힘든 적이 있었습니까? 어떤 일 때문에 생겼습니까?

4) 그 오해를 어떻게 풀었습니까?

5) 가족이나 친구들 중에 말이 안 통해서 답답한 사람이 있습니까? 언제 그랬습니까?

말하기

문법 1 -(으)ㄹ까 봐

다음 주에 입학 면접이 있는데 대답을 **잘 못할까 봐** 걱정이야.

준비를 많이 하면 돼. 걱정하지 마.

1. 여러분은 다음과 같은 상황에서 어떻게 합니까? 다음과 같이 말해 봅시다.

날씨가 갑자기 추워져서 감기에 걸릴까 봐 집에만 있었어요.

1) 날씨가 갑자기 추워져서 감기에 걸리다 - 집에만 있다
2) 수업 시간에 너무 피곤해서 수업을 듣다가 졸다 - 커피를 많이 마시다
3) 저녁 7시에 약속이 있는데 길이 많이 막히다 - ____________
4) 내일 시험을 보는데 시험을 잘 못 보다 - ____________
5) 음식 색깔이 아주 빨개서 맵다 - ____________

2. 다음과 같은 상황에서 걱정되는 것을 이야기해 봅시다.

좋아하는 사람이랑 첫 데이트를 할 때

친구와 싸웠을 때

유학 오기 전에

좋아하는 사람이랑 첫 데이트를 할 때 어떤 점이 걱정돼요?

너무 긴장할까 봐 걱정돼요.

긴장해서 아무 말도 못 할까 봐 걱정돼요.

문법 2 만큼

알렉세이의 키
190cm →

← 알렉세이 동생 키 189cm

알렉세이가 키가 커요.
알렉세이 동생도 키가 커요.
→ 동생도 알렉세이만큼 키가 커요.

1. 다음과 같이 말해 봅시다.

자동차가 비싸요. 가방도 비싸요.
→ 이 가방은 자동차만큼 비싸요.

3,000만 원

2,900만 원

1) 이 자동차가 비싸요. 가방도 비싸요.
2) 한국 사람들이 매운 음식을 잘 먹어요. 이리나도 매운 음식을 잘 먹어요.
3) 우리 교실이 넓어요. 내 방도 아주 넓어요.
4) 전공 책이 어려워요. 이 책도 아주 어려워요.
5) 마키가 성격이 좋아요. 마키 언니도 성격이 좋아요.

2. 중요한 것에 대해 이야기해 봅시다.

- 인생에서 가장 중요한 것
- 주위 사람들과 좋은 관계를 유지하기 위해서 중요한 것
- ___을/를 잘하기 위해서 중요한 것

가: 인생에서 가장 중요한 것은 뭐라고 생각해요?
나: 저는 '가족'이라고 생각해요. 사랑하는 가족만큼 중요한 것은 없어요.
다: 맞아요. 저도 가족이 중요하다고 생각해요. 가족이 서로 사랑하고 잘 지내는 것만큼 중요한 것은 없어요.

대화 1

● 투이가 상담 선생님께 어떤 고민을 이야기합니까? 12-1

상담 선생님	투이 씨, 요즘 생활하는 데 불편한 건 없어요?
투이	음, 사실 요즘 룸메이트 때문에 좀 힘들어요.
상담 선생님	왜요? 무슨 일 있어요?
투이	그 친구가 너무 청소를 안 해요. 항상 저만 청소를 하니까 짜증이 나요.
상담 선생님	정말 힘들겠네요. 친구한테 이야기를 해 봤어요?
투이	아니요, 불만을 이야기하면 그 친구하고 사이가 나빠질까 봐 말을 못 하고 있어요.
상담 선생님	그래도 문제가 있으면 서로 이야기해야 해요. 대화만큼 중요한 것은 없으니까요.

1. 확인해 봅시다.

1) 투이는 무슨 일 때문에 고민하고 있습니까?

2) 상담 선생님은 뭐라고 조언했습니까?

2. 대화를 만들어서 발표해 봅시다.

너무 청소를 안 하다	항상 나만 청소를 하니까 짜증이 나다
매일 시끄럽게 전화를 하다	공부할 때 방해가 되니까 짜증이 나다
내 물건을 마음대로 사용하다	말도 안 하고 쓰니까 기분이 나쁘다
밤에 늦게까지 잠을 안 자다	나도 잠을 못 자니까 피곤하다

대화 2

● 마키는 장핑의 고민에 대해 어떻게 조언합니까?

1. 대화를 만들어 봅시다.

대화에 무슨 내용이 필요해요?	어떤 표현을 사용할 수 있어요?
안부 묻기	무슨 일(고민/걱정) 있어? -아/어 보여
고민 말하기	-(으)ㄹ까 봐 걱정이 돼
조언하기	-(으)니까 점점 -게 되더라 ___만큼 중요한 것은 없어 -다 보면 잘하게 될 거야

2. 대화를 들으면서 확인해 봅시다. 12-2

마키 장핑, 무슨 걱정 있어? 안색이 안 좋아 보여.
장핑 내일 발표를 하는데 잘 못할까 봐 걱정이 돼. 내가 긴장을 많이 하는 편이거든.
마키 너만 그런 게 아니라 다른 사람들도 발표할 때 다 긴장해. 나도 그래.
장핑 너도? 너는 발표를 잘하잖아.
마키 예전에는 발표할 때 긴장을 많이 했어. 그런데 연습을 하니까 점점 자신감이 생기더라.
장핑 어떻게 연습하는데?
마키 거울을 보면서 연습하기도 하고, 진짜 발표하는 것처럼 친구들 앞에서 해 보기도 해.
장핑 나도 그렇게 하면 발표를 잘할 수 있을까?
마키 그럼, 연습만큼 중요한 건 없어. 연습하다 보면 잘하게 될 거야.

3. 확인해 봅시다.

1) 장핑은 무엇을 걱정하고 있습니까?

2) 마키는 발표 연습을 어떻게 합니까?

활동

고민을 이야기하고 조언을 들어 봅시다.

1) 여러분의 걱정/고민은 무엇입니까? 써 봅시다.

〈예〉 부모님

남자/여자 친구

시험 성적

건강

진로

기숙사 룸메이트

경제적 고민
(아르바이트, 생활비 등)

학교 수업

외모와 성격

나쁜 습관
(게임, 술, 지각 등)

2) 친구들에게 고민을 이야기하고 조언을 들어 봅시다. 그리고 가장 마음에 드는 조언을 고르십시오.

나의 고민	저는 한국에서 공부를 계속 하고 싶은데, 부모님께서 유학 생활을 그만두고 고향으로 돌아오라고 하세요.

이름	조언	점수
압둘라	공부를 열심히 해서 좋은 성적을 받도록 하세요. 그러면 부모님께서 계속 유학하는 것을 허락하실 거예요.	★★★☆☆
		☆☆☆☆☆
		☆☆☆☆☆
		☆☆☆☆☆

듣고 말하기

- 여러분은 다른 사람에게 조언을 해 본 적이 있습니까?
- 조언을 할 때 어떻게 말했습니까?

미리 듣기

- 압둘라와 장핑의 대화를 듣고 이야기해 봅시다. 12-3

1) 압둘라의 고민은 무엇입니까? 친구는 어떻게 조언했습니까?

고민: 아침에 너무 늦게 일어나서 지각을 많이 한다.

조언:

2) 장핑의 고민은 무엇입니까? 친구는 어떻게 조언했습니까?

고민: 같이 아르바이트를 하는 사람이 일은 안 하고 계속 핸드폰만 본다.

조언:

듣기

- 장핑, 장설, 윤아가 이야기합니다. 들어 봅시다. 12-4

1. 듣고 이야기해 봅시다.

1) 세 사람은 무엇에 대해 이야기하고 있습니까?

2) 세 사람의 고민은 무엇에 대한 것입니까?

장핑 •	• 진로 문제
장설 •	• 조별 발표
윤아 •	• 한국 친구 사귀기

2. 들은 내용과 같으면 O, 다르면 × 하십시오.

1) 장핑은 한국 친구를 많이 사귀었다. ( )
2) 장핑은 태권도 동아리에 들어가서 태권도를 배우고 있다. ( )
3) 장설은 전공 수업에서 조별 발표를 많이 한다. ( )
4) 모든 학생들이 조별 발표를 열심히 준비한다. ( )
5) 윤아는 진로를 못 정해서 고민이 많다. ( )

3. 친구와 묻고 대답해 봅시다.

1) 장핑의 고민과 윤아의 조언을 말해 보십시오.
2) 장설의 고민과 윤아의 조언을 말해 보십시오.
3) 장설은 평소에 윤아에 대해 어떻게 생각했습니까?

4. 발음에 주의하면서 듣고 따라 해 봅시다. 12-5

1) 한국어도 금방 늘 줄 알았는데 생각만큼 쉽지 않네요.
[늘 쭐]

2) 제가 아직 한국말이 서투른데 친구를 사귈 수 있을까요?
[사귈 쑤]

3) 동아리에 가입해서 친구들을 만나는 것도 도움이 될 거야.
[될 꺼야]

4) 수업 내용은 이해할 수 있는데, 조별 발표가 많아요.
[이해할 쑤]

5) 대학원에 갈지 취직을 할지 생각 중이야.
[갈찌] [할찌]

활동 장설이 교수님께 보내는 메일을 써 봅시다.

받는 사람 kada1226@kookmin.ac.kr

제목 조 발표 때문에 드릴 말씀이 있습니다.

교수님, 안녕하세요?
저는 교수님의 수업을 듣고 있는 경영학과 2학년 장설입니다.
교수님께 드릴 말씀이 있습니다.

____

____

교수님, 꼭 도와주세요. 부탁드립니다.
장설 올림

메일 보내기 다시 입력하기

문법 3 –아/어 달라고/주라고 하다

1. 다시 들어 봅시다. 12-6

장설 우리 조에 열심히 안 하는 친구가 있어서 힘들어요.
윤아 우리 조에도 그런 친구가 있었는데, 난 교수님한테 메일을 보내서 **도와 달라고 했어.**

2 투이의 말을 해 봅시다.

1)

2)

3. 그림을 보고 이야기해 봅시다.

가: 선생님께서 뭐라고 하셨어요?
나: 선생님께서 칠판 글씨를 지워 달라고 하셨어요.

읽고 말하기

- 여러분은 온라인으로 고민을 상담한 적이 있습니까?
- 여러분 나라에서도 온라인으로 고민 상담을 하는 사람들이 많이 있습니까?

미리 읽기

- 신문 기사를 읽고 이야기해 봅시다.

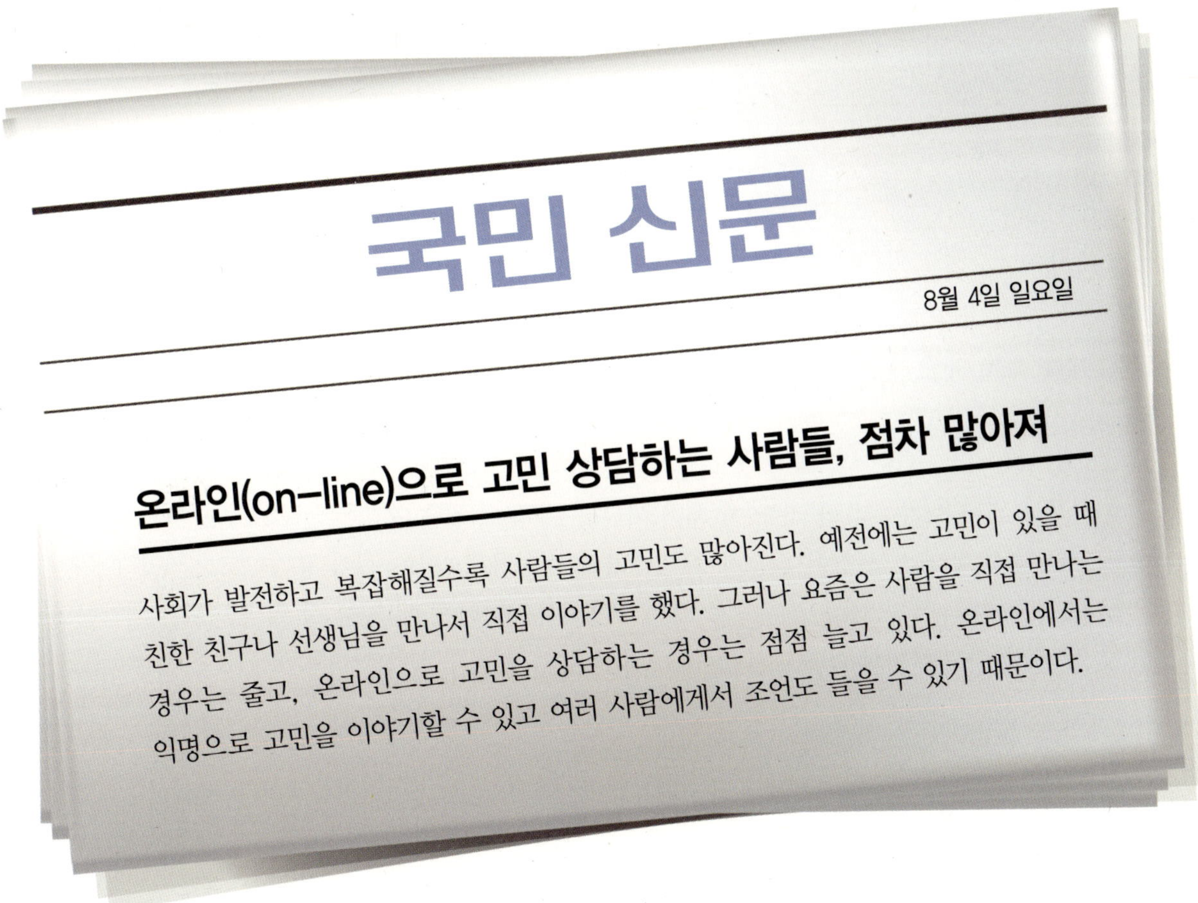

국민 신문

8월 4일 일요일

온라인(on-line)으로 고민 상담하는 사람들, 점차 많아져

사회가 발전하고 복잡해질수록 사람들의 고민도 많아진다. 예전에는 고민이 있을 때 친한 친구나 선생님을 만나서 직접 이야기를 했다. 그러나 요즘은 사람을 직접 만나는 경우는 줄고, 온라인으로 고민을 상담하는 경우는 점점 늘고 있다. 온라인에서는 익명으로 고민을 이야기할 수 있고 여러 사람에게서 조언도 들을 수 있기 때문이다.

1) 사람들이 고민을 상담하는 방법은 어떻게 달라졌습니까?

2) 온라인으로 고민을 상담하는 방법에는 어떤 장점이 있습니까?

읽기

● 인터넷에 올린 고민 상담 글입니다. 읽어 봅시다.

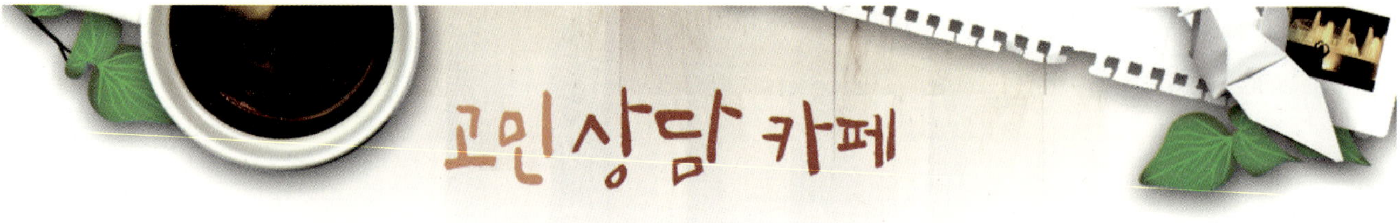

친구 때문에 고민이에요.

고민녀

저한테는 10년 된 친구가 있어요. 이 친구는 항상 먼저 전화해서 안부를 묻기도 하고, 만나자고 약속을 정하기도 해요. 만나면 이것저것 잘 챙겨 주고요. 그런데 이 친구를 만나면 좀 피곤해요. 이야기하는 것을 너무 좋아해서 다른 사람 얘기는 잘 안 듣고 자기 이야기만 들어 달라고 하거든요. 어떤 날은 다섯 시간 동안 그 친구 자랑만 듣고 온 날도 있어요. 얼마 전에 남자 친구를 새로 사귀었다고 하는데 다음 주에 만나면 계속 그 이야기를 들어야 할 것 같아요. 저를 잘 챙겨 주지만 만나고 나면 너무 피곤한 친구. ㅠㅠ 계속 만나야 할까요?

댓글 10 | 좋아요 ♡ 7

[댓글]

ㄴ [1004] 저한테도 그런 친구가 있는데, 자랑을 하고 싶으면 한턱내야 한다고 말하세요.

ㄴ [놀자] 만나면 편한 사람이 진짜 친구 아닐까요? 마음이 불편하면 만나지 마세요.

ㄴ [내가 최고] 고민녀 님, 시간을 정하세요. 친구 이야기를 10분 동안 들은 다음에 고민녀 님의 이야기도 10분 동안 들어 달라고 하세요.

옷을 계속 사게 돼요. ㅠㅠ

사랑이

저는 옷에 관심이 많아요. 그런데 옷을 너무 많이 사는 게 문제예요. 유행하는 옷은 무조건 사고, 비슷한 옷도 마음에 들면 색깔별로 다 사요. 옷뿐만 아니라 그 옷에 잘 어울리는 신발도 사야 해요. 사고 싶은 것을 사지 못하면 계속 생각이 나고 스트레스가 쌓이거든요. 저희 집이 부자냐고요? 아니에요. 제가 밤늦게까지 아르바이트를 해서 번 돈으로 사는 거예요. 옷을 사는 데 돈을 다 써 버리니까 엄마는 힘들게 번 돈을 낭비한다고 하면서 화를 내세요. 옷에 대한 욕심, 어떻게 해야 할까요?

댓글 8 | 좋아요 ♡ 10

[댓글]

ㄴ [운동화 부자] 저하고 비슷하네요. 저는 운동화를 모으는 게 취미예요. 특히 흰색 운동화를 좋아해서 30켤레 정도 모았어요. 저는 스스로 돈을 벌어서 사고 싶은 걸 사는 것은 문제가 아니라고 생각해요.

ㄴ [토끼] 집에 있는 옷을 모두 꺼내서 한번 정리해 보세요. 어떤 옷이 있는지 몰라서 옷을 또 사는 경우가 많거든요. 아마 똑같은 옷이 몇 벌씩 있을걸요.

ㄴ [다람쥐] 옷에 관심이 많은 분 같아요. 전문적으로 옷에 대해 공부해서 패션 사업을 해 보면 어때요? 취미가 직업이 된다면 정말 좋을 것 같아요.

1 | 2 | 3 | 4 | 5 | 7 | 8 | 9 | 10 다음▶ TOP▲

1. 읽고 이야기해 봅시다.

1) [고민녀]와 [사랑이]의 고민은 무엇입니까?

2) 고민에 대해 사람들은 어떤 댓글을 달았습니까? 〈보기〉에서 고르십시오.

	댓글
[고민녀]	[1004] ___④___ [놀자] ________ [내가 최고] ________
[사랑이]	[운동화 부자] ________ [토끼] ________ [다람쥐] ________

〈보기〉

① 스스로 돈을 벌어서 옷을 사면 괜찮아요.
② 옷 정리를 하면 똑같은 옷을 자꾸 사지 않을 거예요.
③ 전문적으로 옷에 대해 공부해 보세요.
④ 자랑을 하고 싶으면 한턱내라고 하세요.
⑤ 친구는 만났을 때 편해야 해요.
⑥ 시간을 정해서 이야기를 들어 주세요.

2. 읽은 내용과 같으면 O, 다르면 × 하십시오.

1) [고민녀]와 친구는 오랫동안 친구 사이였다. (　　)
2) [고민녀]의 친구는 다른 사람의 이야기를 잘 들어 준다. (　　)
3) [사랑이]는 유행하는 옷에 관심이 없다. (　　)
4) [사랑이]는 아르바이트를 해서 번 돈으로 옷을 산다. (　　)

3. 친구와 묻고 대답해 봅시다.

1) [고민녀] 친구의 장점과 단점은 무엇입니까?
2) [사랑이]는 쇼핑할 때 어떻습니까?
3) [사랑이]의 어머니는 사랑이에게 왜 화를 내십니까?
4) 여러분은 위의 조언 중에 어떤 조언이 가장 마음에 듭니까? 왜 그렇게 생각합니까?

활동 여러분은 누구의 고민이 가장 심각하다고 생각합니까? 이야기해 봅시다.

할머니

내가 텔레비전만 보려고 하면 리모컨이 안 보여. 텔레비전을 켜고 싶을 때 리모컨이 안 보이면 정말 답답해.

엄마

저는 우리 딸 때문에 고민이에요. 우리 딸은 열다섯 살인데, 공부는 안 하고 매일 좋아하는 가수 노래만 들어요. 한 달 용돈을 주면 콘서트를 보러 간다고 하면서 한 번에 다 써요.

아빠

아내가 요리를 열심히 해 주는데 정말 맛이 없어요. 그런데 제가 맛없다고 하면 아내 기분이 나빠질까 봐 자꾸 맛있다고 거짓말을 하게 돼요.

이모

저는 요가를 가르쳐요. 그런데 요가를 배우는 학생 중에 저보다 요가를 훨씬 잘하는 사람이 있어요. 다른 학생들도 저는 안 보고 그 학생만 쳐다보니까 기분이 나빠요.

문법 4 -아/어 버리다

1. 다시 읽어 봅시다.

아르바이트를 해서 힘들게 번 돈을 옷을 사는 데 다 **써 버렸어요.**

2. 다음과 같이 말해 봅시다.

주말에 친구하고 여행을 가기로 했어요. 그래서 오늘 숙제를 다 해 버렸어요.

1) 주말에 친구하고 여행을 가기로 했다.

2) 점심을 못 먹어서 굉장히 배가 고팠다.

3) 사고 싶은 옷이 있었는데 갑자기 돈이 생겼다.

4) 할 일이 많은데 너무 피곤했다.

5) 동생이 말도 없이 내 물건을 가지고 갔다.

3. 다음 상황에서 어떻게 했습니까? 이야기해 봅시다.

계속 참다가 화를 내 버렸다

너무 피곤해서 열 시간 이상 자 버렸다

용돈을 받아서 금방 다 써 버렸다

가: ○○ 씨는 계속 참다가 화를 내 버린 적이 있어요?
나: 그럼요, 있죠.
가: 누구한테 화를 냈어요?
나: 기숙사 친구한테 화를 냈어요. 그 친구가 청소를 너무 안 해서 여러 번 말을 했는데도 계속 청소를 안 하는 거예요.
가: 그래서요?
나: 한 달 정도 참다가 화를 내 버렸어요. 침대 위에서 과자를 먹고 있었거든요.

쓰기 6 글쓰기

발표문 2

1. 여러분은 한국과 한국인에 대해 어떤 생각을 가지고 있습니까?
   '한국' 또는 '한국인'을 생각하면 어떤 이미지가 떠오르는지 자유롭게 이야기해 봅시다.

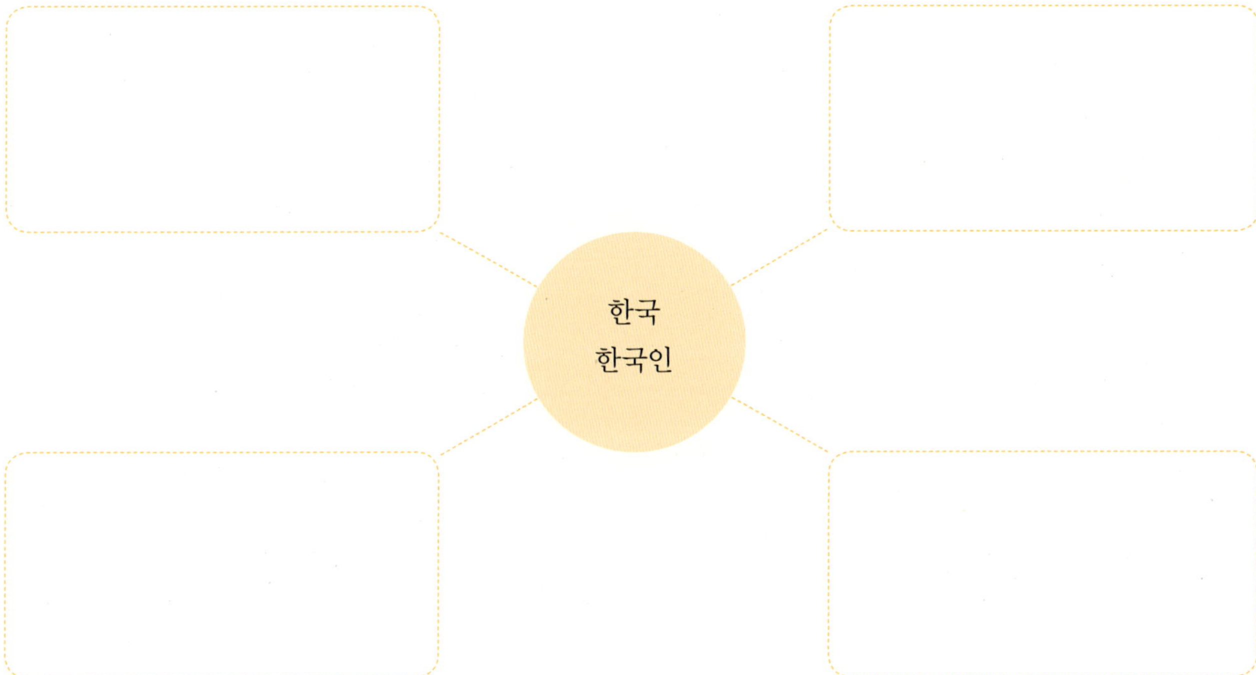

2. 친구와 이야기하면서 생각을 정리해 봅시다.

▶ '한국' 하면 무엇이 제일 먼저 떠오릅니까?
▶ 한국에 처음 왔을 때의 느낌은 어땠습니까? 지금은 어떻습니까?
▶ 한국에 와서 가장 놀랐던 것은 무엇입니까?
▶ 한국에서 살면서 편리한/불편한 점은 무엇입니까?
▶ 한국 사람들의 외모와 성격은 어떻습니까?
▶ 한국 사람들은 무엇을 좋아하는/싫어하는 것 같습니까?
▶ 한국 사람들은 무엇에 관심이 많은/없는 것 같습니까?
▶ 한국 사람들은 무엇을 잘하는/못하는 것 같습니까?
▶ 한국 사람들은 무엇을 중요하게 생각하는 것 같습니까?

3. 생각한 내용을 정리하여 개요를 작성해 봅시다.

처음	인사 주제 말하기	
가운데	주제문1	
	경험1	
	주제문2	
	경험2	
	주제문3	
	경험3	
끝	내용 정리 끝인사	

4. 발표문을 쓰고, 발표할 때 사용할 PPT 자료를 만들어 봅시다.

〈 PPT 자료를 만드는 방법 〉

1. 내용을 짧게 정리해서 쓰거나 중요한 단어만 써 넣는다.
2. 내용 이해를 도와줄 수 있는 사진이나 그림을 넣는다.
3. 글자와 사진, 그림이 잘 보이도록 화면을 구성한다.

13
연애 · 결혼

어휘 · 표현

연애와 결혼 관련 어휘

말하기

문법　간접 화법 축약형
　　　만에

친구의 결혼 소식 알리기

결혼식에 초대하기

듣고 말하기

부모님의 연애에 대한 대화

문법　–던

읽기

결혼관에 대한 도표를 설명하는 글

문법　을/를 통해

13과 연애 · 결혼

준비

● 여러분은 연애와 결혼에 대해 생각해 본 적이 있습니까?

● 연애와 결혼의 장점은 무엇이라고 생각합니까?

어휘·표현

1. 연애의 과정에 대해 이야기해 봅시다.

반하다	설레다	빠지다	고백하다	거절당하다	통하다

소개팅하다

첫눈에 ①

마음에 들다/안 들다

만나기 전에 ②

말이 잘 ③

사랑에 ④

사귀자고 ⑤

⑥

2. 연애의 경험에 대해 같이 이야기해 봅시다.

1) 소개팅을 해 본 적이 있습니까?
2) 어떤 사람에게 첫눈에 반한 적이 있습니까?
3) 사랑에 빠지면 생활에 어떤 변화가 생깁니까?
4) 마음에 드는 사람과 사귀고 싶을 때 먼저 고백합니까?
5) 사랑을 고백했는데 거절당한다면 어떻게 하겠습니까?

3. 결혼과 관련된 표현을 알아봅시다.

1) 결혼의 과정에 대해 이야기해 봅시다.

청혼하다

결혼식을 올리다

부부(남편/아내)가 되다

2) 결혼식과 관련된 표현을 알아봅시다.

축의금	신랑	신부	하객	청첩장	신혼여행

④

⑤

⑥

말하기

문법 1 –ㄴ대요/는대요, –대요, (이)래요, –냬요, –(으)래요, –재요

카오루 씨가 며칠에 결혼한다고 해요?

다음 달 8일에 결혼한대요.

1. 다음과 같이 말해 봅시다.

"저는 매운 음식을 잘 먹어요." → 투이 씨가 매운 음식을 잘 먹는대요.

1) 투이: "매운 음식을 잘 먹어요."
2) 마키: "저는 일찍 자고 일찍 일어나요."
3) 알렉세이: "한국 음식이 매워요."
4) 카오루: "지난 방학 때 고향에 다녀왔어요."
5) 간토야: "언니는 회사원이에요."
6) 압둘라: "점심에 친구하고 햄버거를 먹을 거예요."
7) 바트: "여가 시간에 보통 뭐 해요?"
8) 장설: "밤에는 추우니까 따뜻한 옷을 준비하세요."

2. 다음과 같이 묻고 대답해 봅시다.

1) 4급에 갈 수 있을지 궁금해서 선생님을 찾아갔다.
선생님: 중간시험 성적이 좋은 편이에요. / 출석률도 괜찮아요.

2) 어제 상담 선생님과 상담을 했다.
상담 선생님: 생활하면서 힘든 일이 없어요? / 항상 건강 조심하세요.

3) 조금 전에 후배가 찾아왔다.
후배: 요즘 생활이 지루해요. / 재미있는 일 없어요?

4) 어제 선배와 길에서 만나서 이야기를 했다.
선배: 한국 생활에 적응 다 됐어? / 모르는 게 있으면 나한테 물어봐.

5) 제프리에게 이번 주말에 여행을 가자고 했다.
제프리: 이번 주말에는 고향 친구가 와서 안 돼요. / 다음 주말에 놀러 갈래요?

6) 방금 전에 방 친구가 나한테 전화를 했다.
친구: 오늘은 요리하기 싫은데. / 저녁에 치킨을 시켜 먹자.

가: 다음 학기에 4급에 갈 수 있을지 궁금해서 선생님을 찾아갔어요.
나: 선생님이 뭐라고 하셨어요?
가: 중간시험 성적이 좋은 편이래요.
나: 그리고요?
가: 출석률도 괜찮대요.

문법 2 만에

바다에 다녀왔어요?

네, 작년에 가고 1년 만에 다시 갔는데 참 좋더라고요.

1. 다음과 같이 말해 봅시다.

그동안 많이 아파서 2주 만에 학교에 갔어요.

1) 7월 10일부터 많이 아파서 학교에 못 감 → 7월 24일에 다시 학교에 감
2) 한 달 전에 남자 친구와 싸우고 연락하지 않음 → 오늘 만나서 화해함
3) 1월 1일에 친구가 고향에 감 → 6월 1일에 친구가 다시 옴
4) 1년 동안 미용실에 가지 않음 → 오늘 미용실에 감
5) 토픽 시험 준비 때문에 오랫동안 노래방에 가지 않음 → 오늘 시험 후에 노래방에 감

2. 메모를 보면서 같이 이야기해 봅시다.

일	월	화	수	목	금	토
		1 ✓ 인터넷에서 수영복 주문	2 ✓ 주문한 수영복 받음	3	4	5
6	7 ♥ 소설책 빌림	8 ♥ 소설책 다 읽음	9	10	11 ☆ 핸드폰 구매	12
13	14	15 ☆ 핸드폰 고장	16	17 PPT 준비	18	19 PPT 완성

가: 주문한 수영복은 잘 받았어요?
나: 네, 받았어요.
가: 얼마 만에 받았어요?
나: 주문한 지 하루 만에 받았어요.
가: 와, 진짜 빨리 왔네요.

대화 1

● 마키와 압둘라가 무엇에 대해 이야기합니까? 13-1

마키　너 그거 들었어? 카오루가 미나랑 결혼한대.

압둘라　와, 정말? 두 사람이 사귄 지 얼마 안 됐잖아.

마키　맞아. 사귄 지 6개월 만에 결혼하는 거래.

압둘라　왜 그렇게 빨리 결혼한대?

마키　카오루 말이 미나를 만날수록 점점 더 좋아져서 빨리 결혼하고 싶대.

압둘라　좋겠다. 둘이 성격이 잘 맞으니까 행복하게 살 거야.

마키　아, 부러워. 나도 연애하고 싶다. 내 짝은 어디에 있을까?

압둘라　먼 곳에서 찾지 말고 가까운 곳에서 찾아봐.

1. 확인해 봅시다.

1) 카오루와 미나는 사귄 지 얼마나 되었습니까?

2) 카오루가 빨리 결혼하고 싶어 하는 이유는 무엇입니까?

2. 대화를 만들어서 발표해 봅시다.

미나를 만날수록 점점 더 좋아지다	성격이 잘 맞다
같이 있으면 너무 행복하다	잘 어울리다
저녁에 헤어지기 싫다	많이 좋아하다

대화 2

카오루가 윤아에게 청첩장을 주러 왔습니다. 어떻게 이야기합니까?

1. 대화를 만들어 봅시다.

대화에 무슨 내용이 필요해요?	어떤 표현을 사용할 수 있어요?
안부 묻고 대답하기	오랜만이에요, 잘 지냈어요?
최근 들은 좋은 소식 축하하기	___을/를 정말 축하해요
초대하기	시간 되면 -아/어 주세요
초대에 응하기	꼭 -(으)ㄹ게요

2. 대화를 들으면서 확인해 봅시다. 13-2

카오루 윤아 씨, 오랜만이에요. 거의 6개월 만에 보네요. 잘 지냈어요?
윤아 네, 잘 지냈어요. 결혼 정말 축하해요.
카오루 고마워요. 미나는 길이 막혀서 조금 늦는대요.
윤아 괜찮아요. 그런데 결혼식이 언제라고 했죠?
카오루 6월 8일이에요. 이거 저희 청첩장인데 받으세요.
윤아 청첩장이 정말 예뻐요. 결혼식장이 여기에서 가깝네요.
카오루 네. 시간 되면 꼭 와 주세요.
윤아 그럼요. 꼭 갈게요.

3. 확인해 봅시다.

1) 카오루는 윤아를 왜 만나러 왔습니까?

2) 카오루는 요즘 어떻게 지냅니까?

활동

여러분이 원하는 연애와 결혼에 대해 이야기해 봅시다.

1) 좋아하는 사람이 생겼을 때 어떻게 고백을 하고 싶습니까?

고백할 때 무엇을 준비합니까?	✓ 꽃 ✓ ✓
고백할 때 무슨 말을 합니까?	✓ 언제나 당신 옆에 있겠습니다. ✓ ✓

2) 여러분은 어떤 결혼식을 하고 싶습니까?

✓ 예쁜 한옥에서 전통 결혼식을 하고 싶어요.
✓
✓
✓

듣고 말하기

● 여러분의 부모님은 어떻게 만나셨다고 합니까?

✓ 언제

✓ 어디서

✓ 어떻게

미리 듣기

● 남자와 여자의 대화를 듣고 이야기해 봅시다. 13-3

1) 남자는 좋아하는 여자에게 왜 고백하지 못하고 있습니까?

2) 여자는 남자에게 어떻게 하라고 했습니까?

듣기

● 윤아와 엄마가 이야기하고 있습니다. 들어 봅시다. 13-4

1. 듣고 이야기해 봅시다.

1) 윤아와 엄마는 어떤 사진을 보면서 이야기합니까?

2) 두 사람은 무엇에 대해 이야기합니까?

2. 들은 내용과 같으면 ○, 다르면 × 하십시오.

1) 엄마와 아빠는 같은 대학교의 같은 과를 다녔다. (　　)
2) 엄마는 휴강이 된 날 수업에 늦게 왔다. (　　)
3) 휴강이 된 날 엄마가 아빠에게 영화를 보러 가자고 했다. (　　)
4) 아빠는 엄마와 영화를 본 후부터 엄마를 좋아하기 시작했다. (　　)
5) 엄마와 아빠는 영화를 보고 나서 바로 헤어졌다. (　　)

3. 친구와 묻고 대답해 봅시다.

1) 휴강이 된 날 아빠는 왜 강의실에 남아 있었습니까?
2) 엄마와 아빠는 영화를 본 후에 무엇을 했습니까?
3) 헤어지기 전에 아빠는 엄마에게 뭐라고 했습니까?

4. 발음에 주의하면서 듣고 따라 해 봅시다. 13-5

1) 젊은이들을 보면 내가 젊었을 때가 생각나.
[절므니] [절머쓸]

2) 한국에서의 삶을 기대하고 있어요.
[살믈]

3) 고기를 맛있게 삶는 방법을 가르쳐 드리겠습니다.
[삼는]

4) 두 분 다 젊고 멋지네요.
[점꼬]

활동 여러분은 연애를 해 본 적이 있습니까? 친구들과 연애 경험에 대해 이야기해 봅시다.
연애를 해 본 적이 없다면 좋아했던 사람에 대해 이야기해 봅시다.

문법 3 -던

1. 다시 들어 봅시다. 13-6

윤아 이거 엄마하고 아빠 아니에요? 여기는 어디예요?
엄마 아빠랑 연애할 때 자주 **가던** 영화관이야.

2. 다음과 같이 말해 봅시다.

예전에 남자 친구와 이 공원에서 자주 산책했다.
→ 여기는 남자 친구와 자주 **가던** 공원이에요.

1) 예전에 남자 친구와 이 공원에서 자주 산책했다
2) 유학 생활을 할 때 이 친구들을 자주 만났다
3) 고향이 그리울 때 이 카페에 자주 갔다
4) 예전에 이모가 이 원피스를 자주 입었다
5) 유학 생활을 할 때 이 가방을 자주 썼다

3. 다 끝내지 못한 일이 있습니다. 묻고 대답해 봅시다.

가: 아까 만들던 PPT는 다 만들었어요?
나: 아니요, 다 못 만들었어요.

1) PPT를 만들다

2) 자기소개서를 쓰다

3) 드라마를 보다

4) 책을 읽다

5) 피자를 먹다

읽고 말하기

● 여러분 나라에서는 보통 언제 결혼을 합니까?

● 여러분 나라에서는 결혼에 대한 생각이 어떻게 바뀌고 있습니까?

미리 읽기

● 도표를 보고 이야기해 봅시다.

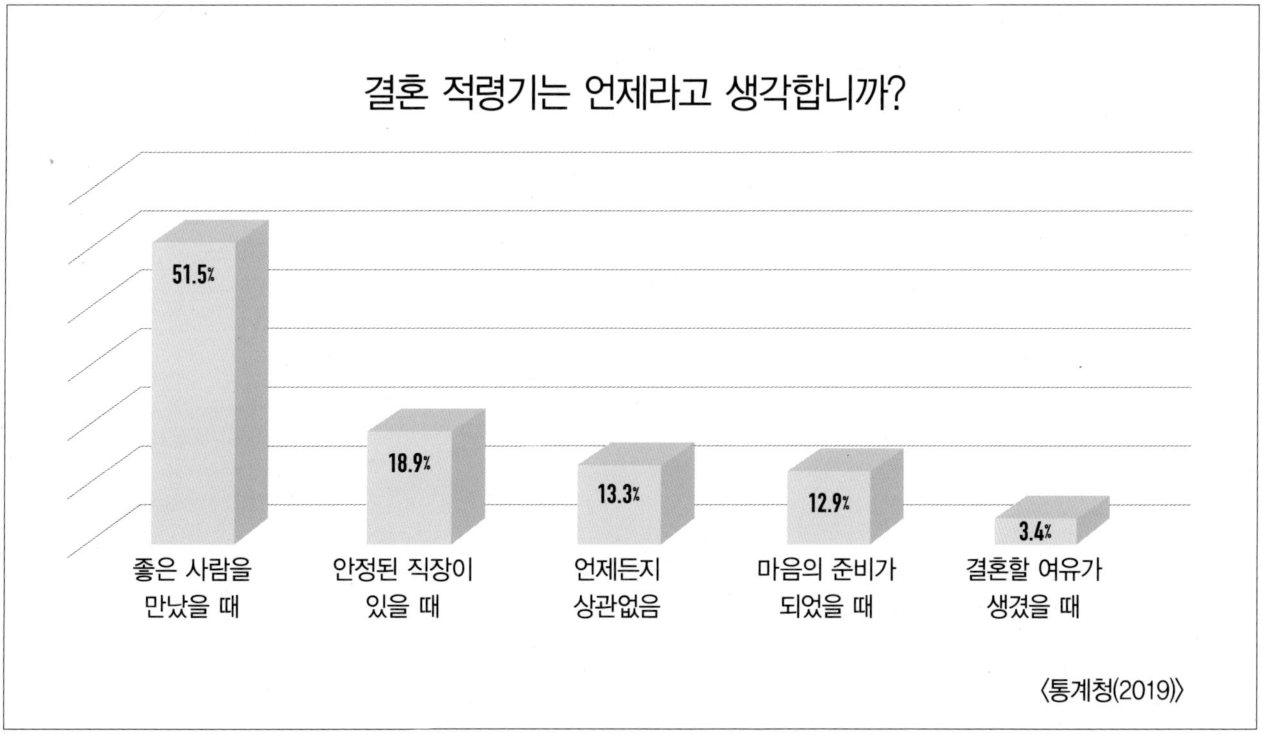

1) 조사 주제는 무엇이며 조사 기관은 어디입니까?

① 조사 주제: (   )

② 조사 기관: (   )

2) 결혼 적령기가 언제라는 대답이 가장 많았습니까?

읽기

● 한국 사람들의 결혼관 변화에 대한 신문 기사입니다. 읽어 봅시다.

국민 신문

10월 14일 월요일

사회가 빠르게 변하면서 결혼에 대한 생각 또한 많이 달라지고 있다. 예전에는 사람들이 나이가 들면 당연히 결혼을 해야 한다고 생각했다. 그러나 요즘은 결혼을 '준비됐을 때 하는 것', '선택하는 것'이라고 생각하는 사람이 많아지고 있다. 최근에 나온 조사 결과들을 보면 이러한 변화를 쉽게 알 수 있다.

통계청에서는 20~30대 직장인 519명을 대상으로 '결혼이 꼭 필요하다고 생각하는가?'라는 질문으로 설문 조사를 실시했다. 그 결과에 따르면, 직장인 10명 중 7명이 '결혼은 선택할 수 있는 것'이라고 대답했으며 응답자의 32.4%만이 '결혼은 꼭 해야 하는 것'이라고 답했다.

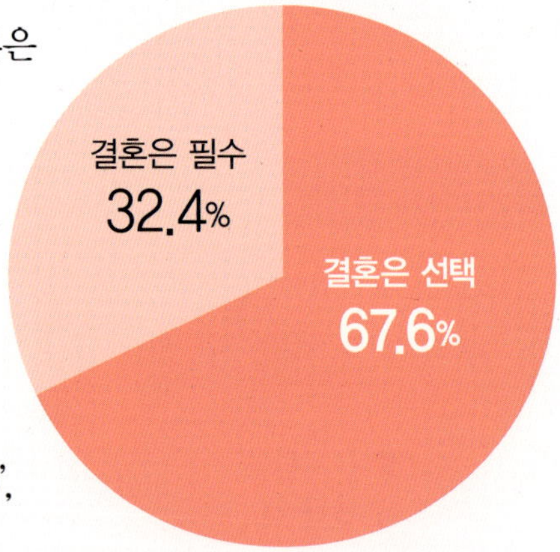

결혼 적령기에 대한 생각도 많이 바뀌었다. '언제가 결혼하기 적당한 때인가?'라는 질문에 대해 직장인의 절반 정도(51.5%)가 '결혼하고 싶을 정도로 좋은 사람이 생겼을 때'라고 답했다. 그다음으로 '안정된 직장을 가졌을 때(18.9%)', '언제든지 상관없다(13.3%)', '마음의 준비가 되었을 때(12.9%)', '결혼할 만한 여유가 생겼을 때(2.9%)' 순으로 나타났다.

또한 한국인이 처음 결혼하는 나이도 점점 늦어지고 있다. 2019년 통계청이 조사한 남녀의 평균 초혼 연령은 남자가 32.9세, 여자가 30.2세로, 남녀 모두 2000년도에 비해 약 3~4세가 늦어졌다.

이러한 조사 결과를 통해 한국 사회의 젊은이들 중 결혼이 필수라고 생각하는 사람보다 선택이라고 생각하는 사람이 두 배 이상 많으며, 초혼 연령 또한 점점 늦어지고 있다는 것을 알 수 있다.

1. 읽고 이야기해 봅시다.

1) 예전에는 사람들이 결혼에 대해 어떻게 생각했습니까?

2) 통계청은 무엇에 대해 조사를 했습니까?

2. 읽은 내용과 같으면 ○, 다르면 × 하십시오.

1) 통계청의 조사 결과를 보면 사람들의 결혼에 대한 생각을 알 수 있다. ( )
2) 직장인 10명 중 3명은 '결혼은 꼭 해야 한다'고 생각한다. ( )
3) 직장인의 반 정도는 좋은 사람이 생겼을 때 결혼하면 좋다고 생각한다. ( )
4) 한국인의 초혼 연령은 예전에 비해 빨라졌다. ( )

3. 친구와 묻고 대답해 봅시다.

1) 요즘 한국인들의 결혼에 대한 생각은 예전과 비교해 무엇이 달라졌습니까?
2) 직장인들은 결혼 적령기를 묻는 질문에 어떤 대답을 했습니까?
3) 2019년 통계청 조사 결과에 따르면 한국인 남자와 여자는 평균적으로 몇 살쯤에 처음 결혼했습니까?
4) 2019년 통계청의 설문 조사 결과를 통해서 무엇을 알 수 있습니까?

활동 친구들과 결혼관에 대해 이야기해 봅시다.

여러분은 결혼을 꼭 해야 한다고 생각합니까?

□ 꼭 해야 한다.
왜 그렇게 생각합니까? ↓

결혼 적령기는 언제라고 생각합니까? ↓

□ 안 해도 된다.
↓ 그 이유가 무엇입니까?

↓
연애나 결혼하고 싶다고 생각한 적이 있습니까?

□ 네
↓ 언제 그런 생각이 들었습니까?

□ 아니요

문법 4 을/를 통해

1. 다시 읽어 봅시다.

이러한 조사 **결과를 통해** 요즘 사람들의 결혼관이 과거에 비해 많이 달라졌음을 알 수 있다.

2. 다음과 같이 묻고 대답해 봅시다.

상담 설문 조사 여행사 역사책 신문 기사

가: 요즘 고민하던 문제는 잘 해결되었어요?
나: 네, 상담을 통해 많은 도움을 받았어요.

1) **가:** 요즘 고민하던 문제는 잘 해결되었어요?
   나: 네, ______________을/를 통해 많은 도움을 받았어요.
2) **가:** 한국 역사에 대해 많이 아시네요.
   나: ______________을/를 통해 많이 알게 되었어요. 제가 책을 좋아하거든요.
3) **가:** 그 사고 소식 들었어요?
   나: 네, ______________을/를 통해 알게 됐어요.
4) **가:** 신혼여행 준비는 잘 돼 가요?
   나: 네, 비행기 표와 호텔은 ______________을/를 통해 다 예약했어요. 직원이 참 친절하더라고요.
5) **가:** 이번 ______________을/를 통해 무엇을 알 수 있습니까?
   나: 청소년들의 연애관이 많이 변한 것을 알 수 있습니다.

3. 다음 설문 조사 결과를 통해 알 수 있는 것을 써 봅시다.

〈한국어를 배우는 이유〉
- **질문:** 왜 한국어를 배웁니까?
- **조사 대상:** 외국인 유학생 100명
- **대답:** ① 한국 대학교에 입학하고 싶어서(59명)
  ② 한국 노래와 드라마를 이해하고 싶어서(26명)
  ③ 한국 문화를 알고 싶어서(15명)

이 설문 조사를 통해 한국 대학교에 입학하고 싶어서 한국어를 배우는 외국인 유학생이 가장 많다는 것을 알 수 있다.

〈가장 가고 싶은 여행지〉
- **질문:** 가장 가고 싶은 여행지는 어디입니까?
- **조사 대상:** 한국어교육센터 학생 300명
- **대답:** ① 제주도(210명) ② 부산(56명) ③ 동해안(34명)

이 설문 조사를 통해 ______________________________
______________________________ 을/를 알 수 있다.

14
언어생활

어휘·표현

언어 관련 어휘

말하기

문법 -기는요

(이)라도

부탁하기

거절하기

듣기

한국어 사용 예절에 대한 강의

문법 -아하다/어하다

읽기

몸짓 언어를 설명하는 글

문법 와/과 달리

14과 언어생활

준비

- 다른 나라의 언어를 배워 본 적이 있습니까?

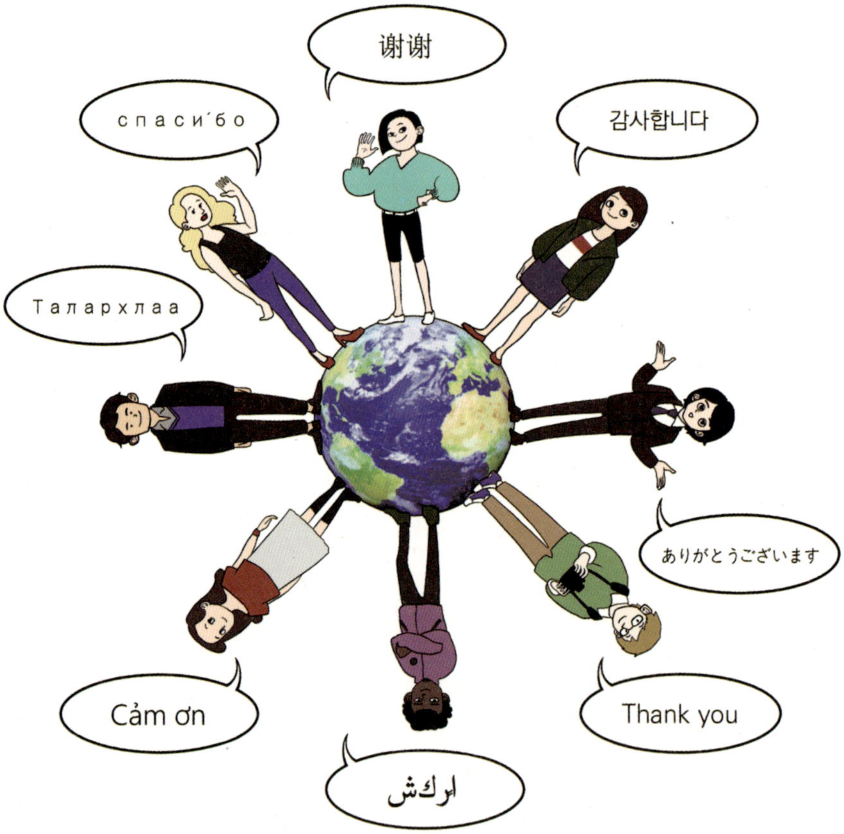

- 한국어를 배워 보니까 어떻습니까?

어휘 · 표현

1. 사람들은 어떤 방법으로 의사소통을 합니까?

1) 언어

말

안녕!
어디 가?

도서관.
밥 먹었어?

글

2) 비언어

표정

몸짓

2. 한국어에 있는 여러 가지 어휘를 알아봅시다.

1) 단어의 종류에 따라

고유어	한자어	외래어
하늘	여자 女子	컴퓨터 computer
사랑	시간 時間	버스 bus
고양이 스무 마리	5월 5일 五月 五日	바나나 banana

2) 소리나 모양을 표현하는 단어

의성어		의태어	
 멍멍	 짝짝짝	 빙글빙글	 흔들흔들
 꿀꿀	 따르릉	 깡충깡충	 반짝반짝

3) 반대말과 비슷한 말

반대말	비슷한 말
낮 ↔ 밤 말이 서투르다 ↔ 말이 유창하다	꿈 – 장래 희망 맵다 – 매콤하다

3. 다음 상황에서는 어떻게 말해야 합니까?

	부탁할 때		거절할 때	
1) 친구에게	저 혹시 미안한데	–아/어 줄래? –아/어 줄 수 있어?	어떡하지?	–아서/어서 –아/어주기 어려울 것 같아.
2) 어른에게	저기 죄송하지만	–아/어 주실 수 있으세요?	어떡하지요? 죄송합니다	–아서/어서 –아/어 드리기 어려울 것 같아요.

* 부탁할 때 '좀' 이라는 단어를 함께 사용할 때가 많습니다. 예) 미안한데 나 좀 도와줄 수 있어?

● 다음과 같이 친구에게 부탁을 해 봅시다. 부탁을 받은 다음에 어떻게 이야기하겠습니까?

①

'교실에서 자리를 바꾸고 싶다'

그래, 바꿔 줄게.

'부탁을 들어줄 수 있다'

②

'눈이 안 좋아서 부탁을 들어주기 어렵다(거절하다)'

말하기

문법 1 -기는요

마키 씨, 영어를 잘하시네요.

잘하기는요. 조금밖에 못 해요.

1. 다음과 같이 묻고 대답해 봅시다.

> **가:** 3급 공부가 힘들어요?
> **나:** 힘들기는요. 아주 재미있어요.

가	나
1) 3급 공부가 힘들다	재미있다
2) 가방이 무겁다	책 한 권밖에 안 들어 있다
3) 한국말 잘하다	아직 모르는 게 많다
4) 테니스를 잘 치다	배운 지 얼마 안 됐다
5) 일찍 왔다	조금 전에 도착했다
6) 시험 잘 봤다	지난번보다 못 봤다

2. 다음과 같이 묻고 대답해 봅시다.

> **가:** 제프리 씨, 요즘 바빠요?
> **나:** 바쁘긴요. 안 바빠요.
> **가:** 매일 수업이 끝나자마자 집에 가서 바쁜 줄 알았어요.
> **나:** 아, 친구랑 같이 밥 먹으려고 친구 교실로 간 거예요.

1) 바쁘다 – 매일 수업이 끝나자마자 집에 가다
2) 피곤하다 – 수업 시간에 자주 졸다
3) 일이 많다 – 메시지를 보내도 바로 답장이 없다
4) 기분이 안 좋다 – 이야기할 때 잘 웃지 않다
5) 아프다 – 안색도 안 좋고 기운이 없어 보이다

문법 2 (이)라도

혹시 빨간색 볼펜 있어?

빨간색은 없어. 파란색 펜이 있는데, 이거라도 빌려줄까?

1. 다음과 같이 묻고 대답해 봅시다.

> **가:** 우리 같이 밥 먹어요.
> **나:** 지금은 시간이 별로 없는데, 커피라도 마실래요?

가	나
1) 우리 같이 밥 먹어요	지금은 시간이 별로 없다 – 커피
2) 저녁 먹고 같이 운동할래요?	운동은 잘 못하다 – 산책
3) 방학 때 동해 바다 보러 같이 가요	동해는 멀어서 가기 힘들다 – 서해
4) 시험도 끝났는데 같이 클럽에 가자	춤을 잘 못 추다 – 노래방
5) 수업 끝나고 쇼핑하러 갈래요?	오늘은 약속이 있다 – 주말

2. 같이 이야기해 봅시다.

제일 가고 싶은 곳
두 번째로 가고 싶은 곳

제일 먹고 싶은 것
두 번째로 먹고 싶은 것

제일 만나고 싶은 사람
두 번째로 만나고 싶은 사람

> **가:** 이리나 씨, 방학에 어디로 여행 갈 거예요?
> **나:** 호주에 가고 싶었는데 거기는 너무 멀어서 가까운 제주도에라도 가려고 해요.
> **가:** 제주도도 좋아요. 맛있는 음식도 많고 경치도 아름답고요.
> **나:** 네. 저도 전부터 가 보고 싶었던 곳이어서 무척 기대돼요.

대화 1

● 간토야가 알렉세이에게 무엇을 부탁합니까? 14-1

알렉세이	간토야, 발표 준비 다 했어?
간토야	다 하긴. 아직 반도 못 했어. 너는?
알렉세이	나는 발표문은 다 썼고, 이제 PPT만 만들면 돼.
간토야	그럼 혹시 나 좀 도와줄 수 있어? PPT 만드는 법을 잘 모르거든.
알렉세이	오늘은 아르바이트 때문에 어렵고, 내일이라도 괜찮으면 도와줄게.
간토야	정말? 바쁜데 시간 내 줘서 고마워.
알렉세이	고맙기는. 별로 어려운 일도 아닌데 뭐.
간토야	다음에 내가 밥 한번 살게.

1. 확인해 봅시다.

1) 두 사람은 무엇을 준비하고 있습니까?

2) 알렉세이는 언제 간토야의 부탁을 들어줄 수 있습니까?

2. 대화를 만들어서 발표해 봅시다.

PPT만 만들다	아르바이트
사진 자료만 찾다	시험 준비
외우기만 하다	다른 약속
발표 연습만 하다	동아리 모임

대화 2

● 알렉세이는 간토야의 부탁을 어떻게 거절합니까?

1. 대화를 만들어 봅시다.

대화에 무슨 내용이 필요해요?	어떤 표현을 사용할 수 있어요?
부탁하기	저, 미안한데, -아/어 줄 수 있어?
부탁하는 이유 설명하기	-는데/(으)ㄴ데, -아서/어서
거절하기	어떡하지? -아서/어서 어려울 것 같아
다른 방법 찾아보기	___(이)라도

2. 대화를 들으면서 확인해 봅시다. 14-2

간토야	저, 알렉세이. 미안한데, 노트북 좀 빌려줄 수 있어?
알렉세이	내 노트북?
간토야	응. 아직 발표 자료를 다 못 만들었는데 노트북이 고장 났어.
알렉세이	어떡하지? 나도 아직 다 못 해서 노트북을 빌려주기 어려울 것 같아.
간토야	그럼 혹시 밤에라도 빌려줄 수 있어?
알렉세이	그래. 아마 9시쯤에는 끝낼 수 있을 거야. 그런데 넌 내일까지 다 만들 수 있겠어?
간토야	최선을 다해 봐야지. 자꾸 부탁해서 미안해.
알렉세이	미안하긴. 그럼 이따가 내 거 다 하고서 연락할게.

3. 확인해 봅시다.

1) 간토야는 알렉세이에게 어떤 부탁을 했습니까?

2) 알렉세이는 간토야의 부탁을 듣고 어떻게 하기로 했습니까?

활동

다음 상황을 보고 친구에게 부탁을 해 봅시다. 부탁을 받은 사람은 부탁을 들어주거나 거절해 봅시다.

부탁하는 상황

1주일 동안 고향에 간다. 그래서 강아지를 돌봐 줄 사람을 찾고 있다.	이사를 해야 한다. 혼자서 하기에는 짐이 많다. 도와줄 사람을 찾고 있다.
핸드폰이 고장났다. 서비스 센터에 가서 수리를 맡겨야 한다. 그런데 한국말이 서툴러서 같이 가 줄 사람을 찾고 있다.	한국 생활이 외롭다. 여자/남자 친구를 사귀고 싶다. 그래서 친구를 소개해 달라고 부탁한다.

부탁할 때 말해야 하는 것

부탁하는 이유	
날짜/기간	
친구가 도와줘야 하는 일	
도와주는 친구에게 해 주고 싶은 것	
그 외	

듣고 말하기

● 한국어를 배우면서 무엇이 제일 어려웠습니까?

발음	✓ 11월 11일 일요일 ✓ 회의 ✓	어휘	✓ 안녕히 가세요 – 안녕히 계세요 ✓ 좋다 – 좋아하다 ✓
문법	✓ '–아서/어서' – '–(으)니까' ✓ '–고서' – '–고 나서' ✓	높임말	✓ 나이 – 연세 ✓ 먹다 – 드시다 ✓

● 그 외에 어렵다고 생각한 부분이 있습니까?

미리 듣기

● 다음을 듣고 알맞은 대답을 골라 봅시다. 14-3

1)

제프리

□ 너를 만나러 왔어요.

□ 제프리 씨를 만나러 왔어요.

2)

선생님

□ 감사합니다, 선생님.

□ 수고하세요, 선생님.

듣기

● 다음은 한국어 수업의 한 부분입니다. 들어 봅시다. 14-4

1. 듣고 이야기해 봅시다.

   1) 선생님이 들려준 두 대화는 무엇에 대한 것입니까?

2) 두 학생이 잘못 말한 것은 무엇입니까? 어떻게 말하는 것이 좋습니까?

	잘못 말한 것	바른 표현
간토야		
제프리		

2. 들은 내용과 같으면 O, 다르면 × 하십시오.

1) 간토야는 선생님께 여러 번 인사를 했다. ( )
2) 간토야가 가장 어려워하는 것은 사과하는 것이다. ( )
3) 제프리는 선생님께 숙제를 드렸다. ( )
4) 제프리는 선생님께 '당신'이라는 말을 사용하면 안 되는 것을 몰랐다. ( )

3. 친구와 묻고 대답해 봅시다.

1) 선생님은 다시 만났을 때 어떻게 인사하는 것이 좋다고 했습니까?
2) 한국 사람들은 '당신'이라는 말을 들었을 때 어떻게 느낍니까?
3) 한국어를 사용할 때 주의해야 하는 것을 정리해서 말해 봅시다.

4. 발음에 주의하면서 듣고 따라 해 봅시다. 14-5

1) 여러 상황에 대해 이야기해 보겠습니다.
2) 학생들의 대부분은 정확하게 한국어를 사용하지 못할 때가 많습니다.
3) 시간이 지나면 훨씬 잘하게 될 거예요.
4) 숙제를 줬는데 받았어요?

활동 한국 사람과 대화할 때 한국어를 잘못 사용했던 적이 있습니까? 이야기해 봅시다.

문법 3 -아하다/어하다

1. 다시 들어 봅시다. 14-6

제프리 '당신'이라는 말을 사용하면 안 된다고 배웠는데도 자꾸 잊어버려요.
선생님 저는 이해할 수 있지만 한국 사람들은 '당신'이라는 말을 들으면 **기분 나빠할** 수 있으니까 조심하세요.

2. 다음과 같이 말해 봅시다.

가: 어제 본 영화가 많이 무서웠어요?
나: 아니요, 저는 하나도 안 무서웠는데 제 여자 친구는 엄청 무서워했어요.

가	나
1) 어제 본 영화가 많이 무서웠어요?	하나도 안 무섭다 - 엄청 무서워하다
2) 아침에 많이 추웠어요?	별로 안 춥다 - 너무 추워하다
3) 남산에 올라가는 게 힘들었어요?	별로 안 힘들다 - 많이 ________
4) 새로 나온 게임이 재미있었어요?	재미없었다 - 꽤 ________
5) 이번 시험이 쉬웠어요?	너무 어려웠다 - 별로 ________

3. 아는 사람들의 다른 모습을 본 적이 있습니까? 이야기해 봅시다.

- ✓ 친구
- ✓ 부모님
- ✓ 선생님

무서워하는 모습 / 행복해하는 모습 / 당황해하는 모습 / 슬퍼하는 모습

얼마 전에 친구의 새로운 모습을 본 적이 있어요. 같이 놀이공원에 가서 여러 가지 놀이 기구를 탔어요. 마지막으로 높은 곳으로 올라간 다음에 갑자기 아래로 떨어지는 놀이 기구를 탔는데 그때 친구가 너무 무서워하더라고요. 이런 일로 무서워하니까 좀 귀여웠어요.

읽고 말하기

- 사람들은 무엇을 사용해서 의사소통합니까?
- 만약 말과 글을 사용하지 못한다면 무엇으로 의사소통할 수 있습니까?

미리 읽기

- 사진을 보고 어떤 의미를 나타내는지 이야기해 봅시다.

1) 한국에서 이런 몸짓은 어떤 의미를 나타냅니까?

①

②

③

④

2) 여러분 나라에서는 이런 몸짓이 어떤 의미를 나타냅니까?

읽기

'몸짓 언어'에 대한 글입니다. 읽어 봅시다.

몸짓 언어는 소리 내서 말하지 않고 몸짓, 표정 등으로 의사소통하는 것을 말한다. 예를 들어 손바닥을 상대방 쪽으로 하고 흔들면 말을 하지 않아도 그 사람에게 인사한다는 것을 나타낸다.

나라와 문화마다 다양한 몸짓 언어를 사용한다. 따라서 같은 몸짓이어도 나라마다 다른 의미로 사용될 수 있다. 예를 들어 한국에서는 두 번째 손가락을 볼에다 대면 '예쁘다'나 '귀엽다'라는 의미이다. 하지만 한국과 달리 이탈리아에서는 '맛있다'라는 의미로 사용된다. 또 다른 예로 얼굴을 좌우로 살짝 흔드는 것이 스리랑카에서는 긍정적인 의미로 사용되지만 스리랑카와 달리 한국에서는 '아니다'나 '싫다' 등의 부정적인 의미로 사용된다. 이처럼 몸짓 언어는 나라나 문화에 따라 다를 수 있다는 것을 알아야 한다.

그렇다면 특별히 조심해야 하는 몸짓에는 어떤 것이 있을까? 우선 한국에서는 다른 사람을 말하는 사람 쪽으로 오라고 할 때 손짓을 하는데, 이때 손바닥을 아래로 하고 움직여야 한다. 손바닥을 위쪽으로 하면 상대방이 기분 나빠할 수 있다. 왜냐하면 보통 동물을 부를 때 손바닥을 위쪽으로 하기 때문이다. 또한 한국에서는 손가락으로 동그라미를 만들어서 '돈'이나 '알았다' 또는 '좋다'를 나타내는데, 이런 몸짓이 프랑스나 특히 스페인에서는 안 좋은 뜻으로 사용되기도 하니 조심해야 한다.

이렇게 몸짓 언어는 자연스럽게 잘 사용하면 의사소통을 하는 데 도움을 주지만 잘못 사용하면 예의에 어긋날 수도 있다. 따라서 몸짓 언어가 나라나 문화에 따라 어떻게 다른지 잘 알고 상황에 맞게 조심해서 사용해야 한다.

1. 읽고 이야기해 봅시다.

1) 위 글은 무엇에 대한 것입니까?

2) 각 단락의 내용은 무엇입니까? 연결하십시오.

① 첫 번째 단락 •	• 나라마다 의미가 달라지는 몸짓 언어
② 두 번째 단락 •	• 몸짓 언어의 뜻
③ 세 번째 단락 •	• 올바른 몸짓 언어 사용
④ 네 번째 단락 •	• 주의해야 하는 몸짓

2. 읽은 내용과 같으면 ○, 다르면 × 하십시오.

1) 입으로 소리를 내는 것도 몸짓 언어라고 할 수 있다. (　　)
2) 이탈리아에서 볼에다 두 번째 손가락을 대면 '예쁘다'라는 의미다. (　　)
3) 스리랑카에서 고개를 좌우로 살짝 흔드는 것은 긍정적인 의미다. (　　)
4) 한국에서 사람을 부를 때는 손바닥을 아래쪽으로 해야 한다. (　　)

3. 친구와 묻고 대답해 봅시다.

1) 몸짓 언어는 '말'과 어떻게 다릅니까?
2) 나라마다 다른 의미로 사용되는 몸짓 언어에는 어떤 것이 있습니까?
3) 나라에 따라 상대방이 기분 나빠할 수 있는 몸짓 언어에는 어떤 것이 있습니까?
4) 몸짓 언어는 어떻게 사용해야 합니까?

활동 여러분 나라의 '몸짓 언어'에는 어떤 것들이 있습니까? 친구들과 이야기해 봅시다.

내용	표현하는 방법
숫자를 셀 때	
감정을 표현할 때	
그 외	

문법 4 와/과 달리

1. 다시 읽어 봅시다.

또 다른 예로 얼굴을 좌우로 살짝 흔드는 것이 스리랑카에서는 긍정적인 의미를 나타내지만 **스리랑카와 달리** 한국에서는 '아니다'나 '싫다' 등의 부정적인 의미로 사용된다.

2. 다음과 같이 말해 봅시다.

어제 – 더웠다 / 오늘은 시원하다 → 어제와 달리 오늘은 시원하다.

1) 어제 – 더웠다 / 오늘은 시원하다
2) 예전 – 가족과 같이 사는 사람이 많다 / 요즘에는 혼자 사는 사람이 많다
3) 다른 나라 – 나이를 안 물어보다 / 한국에서는 상대방의 나이를 물어볼 때가 많다
4) 겉모습 – 조용해 보이다 / 성격은 활기차고 적극적이다
5) 생각했던 것 – 사용하기 어렵다 / 실제로는 사용하기 쉽고 편리하다

3. 어떤 점이 다릅니까? 이야기해 봅시다.

우리 나라와 한국의 다른 점	나와 친구의 다른 점	과거와 현재의 다른 점

가: 중국과 한국의 다른 점은 뭐예요?
나: 다른 점이 많이 있는데, 우선 우리 나라는 한국과 달리 땅이 넓어서 지역마다 문화 차이가 커요. 사우디아라비아와 한국의 다른 점은 뭐예요?
가: 한국과 달리 우리 나라에는 산이 많지 않고 넓은 사막이 있어요. 저는 이게 제일 큰 차이라고 생각해요.

쓰기 7 도표

글쓰기

1. 다음의 도표를 읽고 이야기해 봅시다.

지금 고민하고 있는 문제

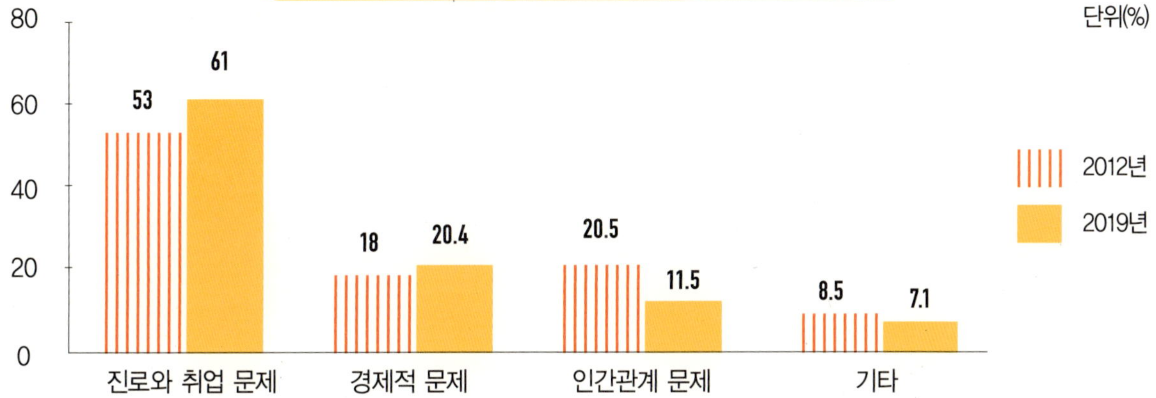

[조사 기관: 통계청, 조사 대상: 대학생 1,000명]

- ▶ 무엇에 대해 조사했습니까?
- ▶ 조사를 한 기관은 어디입니까?
- ▶ 누구를 대상으로 조사했습니까?
- ▶ 대학생들은 어떤 문제를 고민하고 있다고 대답했습니까?
- ▶ 어떤 대답이 많이 나왔으며 어떤 대답이 적게 나타났습니까?
- ▶ 진로와 취업 문제를 고민하고 있는 응답자의 수는 2012년과 2019년에 어떻게 달라졌습니까? 다른 대답들도 비교해 봅시다.
- ▶ 이 도표를 보고 알 수 있는 것은 무엇입니까?

2. 도표를 보고 글을 쓰는 방법을 알아봅시다.

1) 어떤 표인지 설명한다.

① [어디]에서 [누구]을/를 대상으로 [무엇]에 대해서 조사했다/조사를 실시했다.

2) 표 안에 있는 정보를 읽고 내용에 맞는 어휘와 문법을 사용해서 문장을 만든다.

① 표(기준, 출처, 분석 등)를 설명할 때 표현: **에 따르면, 에 의하면**
② 순서의 표현: **첫째/둘째/셋째, 먼저/다음으로/마지막으로**
③ 비교의 문법 및 표현: **-지만, -는데/(으)ㄴ데, -(으)나, 에 비해**
④ 증감의 표현: **증가하다 ↔ 감소하다, 늘어나다 ↔ 줄어들다**

3) 위의 내용을 정리해 보고 가장 중요하다고 생각하는 내용으로 결론을 만든다.

① 결론을 시작할 때 표현: **이처럼, 이와 같이, 을/를 통해**
② 결론을 마무리할 때 표현: **-는 것을 알 수 있다, -는 것으로 보이다**

[보기] 통계청에서 대학생 1,000명을 대상으로 지금 고민하고 있는 문제에 대해서 조사를 실시했다. 조사 결과에 따르면 첫째, 진로와 취업을 고민하고 있다고 대답한 대학생은 2012년에 53%였으나 2019년에 61%로 증가했다. 둘째, 경제적 문제라고 대답한 대학생은 2012년에는 18%였지만 2019년에는 20.4%로 증가했다. 셋째, 인간관계 문제라는 대답은 2012년에는 20.5%였는데 2019년에는 11.5%로 감소했다. 이와 같이 대학생들이 가장 고민하고 있는 문제는 2012년과 2019년 모두 진로와 취업 문제라는 것을 알 수 있다.

3. 다음 도표를 보고 글을 써 봅시다.

누구와 있을 때 가장 행복한가

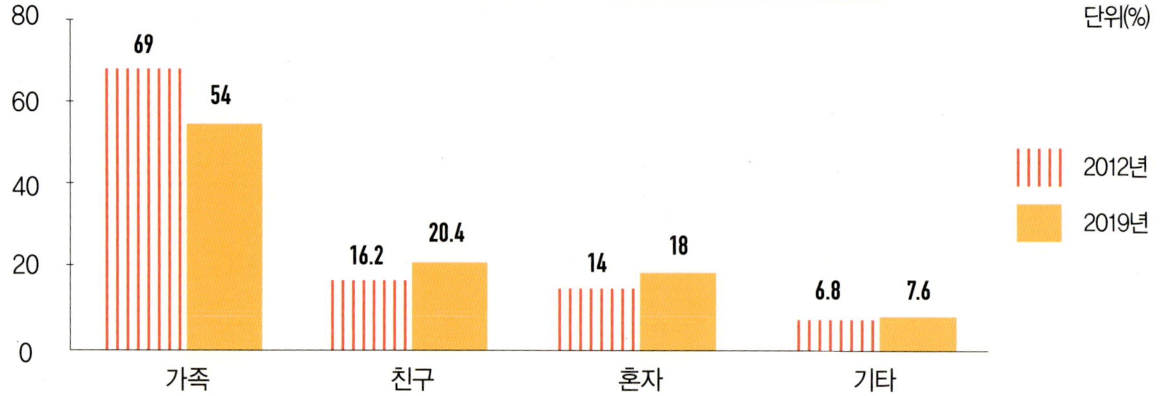

[조사 기관: 통계청, 조사 대상: 대학생 1,000명]

15 사고

어휘·표현

사고 관련 어휘

말하기

문법 –는 바람에

–(으)ㄹ 뻔하다

사고 경험 이야기하기

사고를 예방하는 행동 말하기

듣고 말하기

지하철 안전사고에 대한 대화

문법 –도록

읽고 말하기

화재 사고와 대처법에 대한 신문 기사

문법 (으)로 인해

15과 사고

준비

● 사고의 종류에는 어떤 것들이 있습니까?

● 주변에서 사고가 난 것을 보거나 사고에 대해서 들은 적이 있습니까? 어떤 사고였습니까?

어휘 · 표현

1. 교통사고와 관련된 표현을 알아봅시다.

교통사고가 나다

교통사고를 당하다

1) 교통사고의 원인에는 어떤 것이 있습니까?

신호를 안 지키다/무시하다　　무단 횡단을 하다　　음주 운전/졸음운전을 하다

①

②

③

2) 안전을 위해 어떻게 해야 합니까?

신호를 지키다　　좌우/주변을 살피다　　손잡이를 잡다　　안전띠를 매다

①

②

③

2. 안전사고의 종류를 알아봅시다.

안전사고가 발생하다
- 높은 곳에서 떨어지다
- 물에 빠지다
- 승강기에 갇히다
- 부딪치다/넘어지다

● 안전사고의 원인과 종류를 연결해 봅시다.

원인	사고
① 발을 잘못 디디다 •	• 깊은 물에 빠지다
② 정전이 되다 •	• 승강기에 갇히다
③ 수영을 잘 못하다 •	• 바닥으로 떨어지다
④ 침대 위에서 장난치다 •	• 계단에서 넘어지다

3. 화재 사고의 원인에는 어떤 것이 있습니까?

부주의　　불장난　→　불이 나다/화재가 발생하다

4. 사고가 났을 때 어떻게 대처해야 합니까?

119/112(번)에 신고하다　　도움을 요청하다　　구조를 기다리다

● 다음은 등산 사고에 대한 글입니다. 알맞은 표현을 골라 글을 완성해 봅시다.

등산 사고는 발을 잘못 디디거나 미끄러져서 발생하는 경우가 많다. 등산 중 사고가 발생하여 다쳤을 때, 주변에 사람이 있으면 ① ________. 그러나 혼자 있을 경우 ② ________ 자신의 위치를 알리고 ③ ________ 것이 좋다.

말하기

문법 1 -는 바람에

왜 이렇게 늦었어요?

미안해요. 버스가 고장 나는 바람에 늦었어요.

1. 다음과 같이 묻고 대답해 봅시다.

가: 왜 학교에 안 왔어요?
나: 계단에서 넘어지는 바람에 다쳐서 못 갔어요.

가	나
1) 학교에 안 오다	계단에서 넘어지다
2) 가방이 찢어지다	가방이 문에 걸리다
3) 진수 씨가 학교에 안 오다	장염에 걸리다
4) 어제 전화하기로 하고 안 하다	핸드폰이 고장 나다
5) 체육 대회가 취소되다	갑자기 비가 오다

2. 다음의 원인 때문에 문제가 생긴 적이 있습니까? 이야기해 봅시다.

날씨　　사고　　부상

제가 외국에 갔다가 한국으로 돌아올 때 있었던 일이에요. 오전 열한 시 비행기를 타려고 아침 아홉 시에 공항에 갔어요. 그날 날씨가 흐려서 조금 걱정이 됐지만 비행기가 취소될 거라고 생각하지 않았어요. 그런데 갑자기 폭우가 내리는 바람에 출발 시간이 연기됐다는 안내 방송이 나왔어요. 저는 그날 여섯 시간을 기다린 다음에 겨우 비행기를 타고 한국에 올 수 있었어요.

문법 2 -(으)ㄹ 뻔하다

아침에 학교에 오다가 차하고 부딪칠 뻔했어요.

깜짝 놀랐겠어요. 부딪치지 않아서 정말 다행이에요.

1. 다음과 같이 묻고 대답해 봅시다.

가: 눈이 와서 길이 정말 막히더라고요.
나: 저도 아침에 늦을 뻔했어요.

가	나
1) 눈이 와서 길이 정말 막히더라고요.	나도 아침에 늦다
2) 컴퓨터에 USB가 꽂혀 있던데 안 가져가요?	잊어버리고 놓고 가다
3) 오늘 재활용 쓰레기를 버리는 날이에요.	정신이 없어서 잊어버리다
4) 어젯밤에 갑자기 정전이 돼서 놀랐어요.	나도 계단을 오르다가 어두워서 넘어지다
5) 건물 안에서는 실내화로 갈아 신어야 돼요.	잘 몰라서 운동화를 신고 그냥 들어가다

2. 같이 이야기해 봅시다.

내일 아침 도서관으로 가다 – 선생님이 내일 영화를 본다고 하셨다

밤부터 아무것도 먹으면 안 되다 – 건강 검진이 있다

내일 복습 시험이 있다 – 수업 일정표에 나와 있다

수업 후에 입학 설명회가 있다 – 게시판에 안내문이 붙어 있다

내일 학교에 안 오다 – 임시 공휴일이다

가: 내일 아침에 도서관으로 가는 거 알죠?
나: 도서관으로 가요?
가: 선생님이 내일 영화를 본다고 하셨잖아요.
나: 알려 줘서 고마워요. 하마터면 교실로 갈 뻔했어요.

대화 1

● 제프리와 간토야가 무슨 이야기를 합니까? 15-1

제프리 간토야 씨, 어제 사고를 당했다면서요?

간토야 네, 건물 승강기가 갑자기 멈추는 바람에 그 안에 갇혔어요.

제프리 정말요? 그래서 어떻게 됐어요?

간토야 같이 있던 사람이 비상 버튼을 눌러서 도움을 요청했어요.

제프리 다치지는 않았어요?

간토야 네, 다행히 구조대가 바로 와서 구해 줬어요.

제프리 하마터면 큰일 날 뻔했네요. 사고 얘길 듣고 너무 놀랐어요.

간토야 저도 이런 일을 처음 당해서 정말 무서웠어요.

1. 확인해 봅시다.

1) 어제 어떤 사고가 났습니까?

2) 사고가 났을 때 간토야와 같이 있던 사람이 어떻게 했습니까?

2. 대화를 만들어서 발표해 봅시다.

건물 승강기가 갑자기 멈추다	그 안에 갇히다	비상 버튼을 누르다
산에서 발을 잘못 디디다	산 아래로 미끄러지다	119에 신고하다
바닷가에서 산책하다가 미끄러지다	물에 빠지다	119에 신고하다
차 한 대가 빙판길에서 미끄러지다	내가 탄 차와 부딪치다	119에 신고하다

대화 2

● 장핑에게 무슨 일이 생길 뻔했습니까? 카오루와 장핑이 어떻게 이야기합니까?

1. 대화를 만들어 봅시다.

대화에 무슨 내용이 필요해요?	어떤 표현을 사용할 수 있어요?
다행/고마움 표현하기	휴, -(으)ㄹ 뻔했네. -아서/어서 고마워
위험한 행동 알리기	-는 게 얼마나 위험한데
비슷한 경험 말하기	내가 -(으)ㄴ 적이 있었거든
주의 주기	될 수 있으면 -지 마

2. 대화를 들으면서 확인해 봅시다. 15-2

카오루 장핑, 조심해!
장핑 휴, 문에 부딪칠 뻔했네. 알려 줘서 고마워.
카오루 핸드폰을 보면서 다니니까 그렇지. 그게 얼마나 위험한데.
장핑 중요한 문자가 와서 그랬어.
카오루 예전에 내가 핸드폰을 보면서 걷다가 넘어지는 바람에 다친 적이 있었거든. 너도 조심해.
장핑 하긴 핸드폰에 집중하니까 다른 게 잘 안 보이긴 하더라.
카오루 그러니까 될 수 있으면 걸어 다니면서 핸드폰을 사용하지 마.
장핑 알았어. 앞으로 조심할게.

3. 확인해 봅시다.

1) 장핑은 왜 다칠 뻔했습니까?

2) 핸드폰을 보면서 걸으면 왜 위험합니까?

활동

● 다음과 같은 상황에서 주의해야 할 사항에 대해 이야기해 봅시다.

상황	주의 사항
승강기 이용 시	✓ 승강기가 고장 나서 멈췄을 때 억지로 문을 열지 않는다. ✓ ✓ ✓
길을 걷거나 횡단보도를 건널 때	✓ 자전거를 타고 횡단보도를 건너지 않는다. ✓ ✓ ✓
대중교통 이용 시	✓ 버스 안에서 돌아다니지 않는다. ✓ ✓ ✓

듣고 말하기

- 아래의 사진을 어디에서 봤습니까? 어떤 주의 사항을 나타냅니까?

- 아래의 각 사진은 어떤 주의 사항을 나타냅니까?

미리 듣기

- 안내 방송을 듣고 이야기해 봅시다. 15-3

1) 어디에서 들을 수 있는 안내 방송입니까?

2) 들은 내용과 같은 것을 연결하십시오.

안내 방송① •	• 가지고 있는 물건을 놓고 내리지 않게 잘 챙겨야 한다.
안내 방송② •	• 열차와 승강장 사이에 발이 빠지지 않게 조심한다.
안내 방송③ •	• 열차의 출입문이 닫히고 있을 때 무리해서 타지 않는다.

듣기

- 장핑과 투이가 사고에 대해 이야기합니다. 들어 봅시다. 15-4

1. 듣고 이야기해 봅시다.

1) 두 사람은 어떤 사고에 대해서 이야기하고 있습니까?

2) 동대문역사문화공원역의 문제점은 무엇입니까?

2. 들은 내용과 같으면 O, 다르면 × 하십시오.

1) 어제 한 아이가 지하철을 타다가 넘어져서 크게 다쳤다. ( )
2) 장핑은 동대문역사문화공원역에서 지하철을 타 본 적이 있다. ( )
3) 장핑은 열차와 승강장 사이에 핸드폰을 떨어뜨릴까 봐 걱정한다. ( )
4) 투이는 평소에 지하철 안내 방송을 신경 써서 듣는 편이었다. ( )

3. 친구와 묻고 대답해 봅시다.

1) 동대문역사문화공원역에서는 어떤 안내 방송이 나옵니까?
2) 아이가 사고를 당했을 때 사람들이 어떻게 대처했습니까?
3) 사고가 난 후에 아이의 상태는 어땠습니까?
4) 투이는 사고 이야기를 듣고서 어떤 생각을 하게 됐습니까?

4. 발음에 주의하면서 듣고 따라 해 봅시다. 15-5

1) 어제 동대문역사문화공원역에서 사고가 나서 큰일 날 뻔했어요.
[크닐 랄]

2) 사람들이 다 출입문 쪽으로 뛰어가고 난리가 났다.
[날리]

3) 한국은 일 년 중에 사계절이 있다.
[일 련]

4) 온도와 습도가 높은 여름에는 특히 음식 관리를 잘 해야 한다.
[괄리]

활동 대중교통을 이용하다가 사고를 당한 경험이 있습니까? 또는 뉴스나 신문에서 대중교통과 관련된 사고에 대해 보거나 읽은 적이 있습니까? 이야기해 봅시다.

문법 3 -도록

1. 다시 들어 봅시다. 15-6

장핑 지하철 안전사고는 조심하면 미리 예방할 수 있으니까 사고가 안 **나도록** 항상 조심해야겠어요.

2. 다음과 같이 묻고 대답해 봅시다.

가: 과제를 모레까지 제출해야 되지요?
나: 네, 잊어버리지 않도록 메모해 놓으세요.

가	나
1) 과제를 모레까지 제출해야 되지요?	잊어버리지 않다 - 메모해 놓다
2) 불이 나서 119 소방차가 왔어요.	소방차가 지나갈 수 있다 - 길을 비켜 주다
3) 제가 뭘 도와 드릴까요?	손님들이 먹기 좋다 - 고기를 잘라 놓다
4) 파티에 더 준비할 게 있습니까?	음식을 덜어 먹을 수 있다 - 개인 접시를 준비하다
5) 회의할 때 뭘 준비해야 됩니까?	사람들이 이해하기 쉽다 - PPT 자료를 준비하다

3. 다음의 상황에서 주의해야 할 사항이 무엇입니까? 이야기해 봅시다.

외출할 때 주의할 사항

발표할 때 주의할 사항

해외여행을 할 때 주의할 사항

가: 외출할 때 무엇을 주의해야 합니까?
나: 화재가 발생하지 않도록 가스 불을 껐는지 확인해야 합니다.
다: 또 …….

읽고 말하기

- 화재 사고에 대한 뉴스를 들은 적이 있습니까?
- 화재의 발생 원인이 무엇이라고 했습니까?

미리 읽기

- 그래프를 보고 이야기해 봅시다.

화재 발생 원인

조사 기관 : 소방청 국가 화재 정보 센터

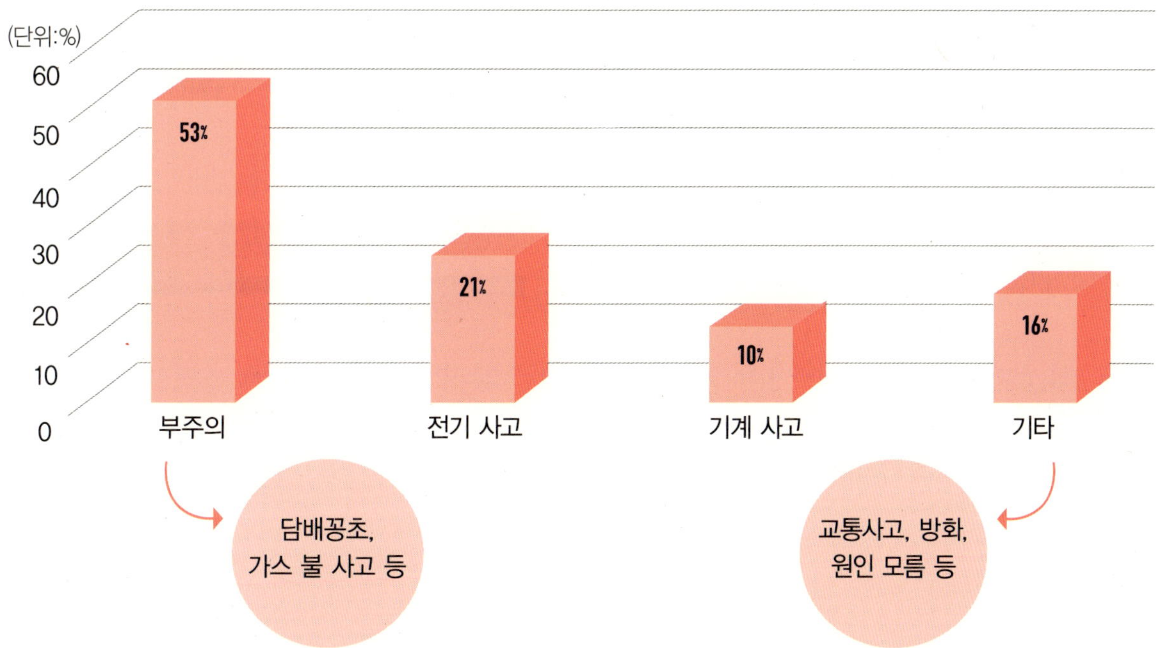

1) 어디에서 조사한 결과입니까?

2) 화재 발생 원인 중에서 가장 많은 것은 무엇입니까?

읽기 1

신문 기사입니다. 읽어 봅시다.

국민 신문

10월 30일 화요일

올해 화재 발생 원인, '담배꽁초 등 부주의' 가장 많아

올해 일어난 전체 화재 사고 중 사람들의 부주의로 인해 발생한 사고가 가장 많은 것으로 나타났다. 또한 소방청 조사 결과에 의하면 부주의로 인해 발생한 화재 사고 중 40% 이상이 담배꽁초나 라이터 불 때문에 발생했다고 한다.

지난 10월에 부산시의 한 아파트 6층 B씨(26) 집에서 불이 났다. 경찰은 담배꽁초를 싼 휴지에 불이 옮겨붙어서 화재가 발생했다고 밝혔다. 지난 2일에도 포천시에서 산불이 발생했는데, 이 화재 사고 또한 등산객이 버린 담배꽁초가 원인이었다.

소방청 관계자는 "담배를 피울 때 화재 위험이 없는 곳에서 피워야 하고, 특히 산 주변에서의 흡연은 금지해야 한다."며, "피우던 담배를 버릴 때는 담뱃불이 확실히 꺼진 것을 확인해야 한다."고 당부했다.

이국민 기자

1. 뉴스에 의하면 부산시와 포천시의 화재 원인은 무엇이라고 합니까?

2. 읽은 내용과 같으면 O, 다르면 × 하십시오.

1) 라이터 불 때문에 화재가 발생할 수 있다. (　　)
2) 산 주변에서 담배를 피우면 불이 날 위험이 있다. (　　)
3) 담배를 피운 후에 담뱃불을 확실히 끈 후 버려야 한다. (　　)

3. 친구와 묻고 대답해 봅시다.

1) 올해 일어난 화재는 주로 어떤 원인 때문에 발생했습니까?

2) 두 건의 화재 사고에 대해 설명하십시오.

읽기 2

● 화재 발생 시 대처법에 대한 안내문입니다. 읽어 봅시다.

① 먼저 큰 소리로 화재 사실을 알리고 근처에 화재경보기가 있으면 누릅니다.

② 빨리 119에 신고합니다. 이때 화재 발생 위치, 건물의 층수 등을 정확하게 말합니다.

③ 가까운 곳에 소화기나 소화전이 있으면 그것을 이용해서 불을 끕니다.

④ 대피할 때는 자세를 낮게 하고 연기를 마시지 않도록 젖은 수건이나 옷으로 입과 코를 막습니다.

⑤ 대피할 때 승강기는 화재로 인해 멈출 수 있기 때문에 이용하지 않습니다.

1. 화재 발생 시 대처법으로 맞으면 O, 틀리면 × 하십시오.

1) 소화기나 소화전이 근처에 없으면 찾아다닌다. ( )
2) 대피할 때는 자세를 낮게 하고 입과 코를 막아야 한다. ( )
3) 계단 대신에 승강기를 이용하면 더 빠르게 대피할 수 있다. ( )

2. 친구와 묻고 대답해 봅시다.

1) 화재가 발생하면 먼저 무엇을 해야 합니까?
2) 119에 전화해서 무엇을 알려야 합니까?
3) 화재가 발생해서 대피할 때 무엇을 주의해야 합니까?

활동

우리 학교의 화재 안전시설을 확인해 봅시다.

1) 화재경보기가 어디에 있습니까?

2) 소화기와 소화전이 있습니까? 어디에 있습니까?

3) 화재 발생 시 대피할 비상구가 어디에 있습니까?

문법 4 (으)로 인해

1. 다시 읽어 봅시다.

올해 일어난 전체 화재 사고 중 사람들의 **부주의로 인해** 발생한 사고가 가장 많은 것으로 나타났다.

2. 사고의 원인과 결과를 연결하고 다음과 같이 말해 봅시다.

지난밤 산불로 인해 전체 산의 1/3이 타서 없어졌다.

사고의 원인	결과
1) 지난밤 산불 •	• 전체 산의 1/3이 타서 없어졌다
2) 졸음운전 •	• 건물의 유리창이 깨졌다
3) 장시간 정전 •	• 냉장고에 있던 음식이 다 상했다
4) 안개 •	• 비행기 출발 시간이 늦어졌다
5) 강한 바람 •	• 고속 도로에서 교통사고가 발생했다

3. 다음과 같이 묻고 대답해 봅시다.

가: 지금 도로가 많이 막히고 있습니다. 그 이유가 무엇입니까?
나: 폭설로 인해 차들이 느리게 움직이고 있습니다.

가	나
1) 지금 도로가 많이 막히고 있습니다. 그 이유가 무엇입니까?	폭설
2) 식중독은 왜 발생합니까?	높은 온도와 습도
3) 이번 교통사고가 발생한 원인이 무엇입니까?	졸음운전
4) 요즘 밤에 잠을 설치는 사람들이 많다고 하던데요. 그 이유가 무엇입니까?	열대야
5) 요즘 안경을 쓰는 초등학생이 늘고 있다고 하는데, 왜 그렇습니까?	장시간 핸드폰 사용
6) 요즘 젊은 사람들도 질병에 걸리는 경우가 많은데, 그 원인이 무엇입니까?	불규칙적인 생활 습관

16
실수·후회

어휘·표현

실수·후회 관련 어휘

말하기

문법　-(으)ㄹ 걸 그랬다

　　　-(으)ㄹ 텐데

일상의 실수 이야기하기

후회 표현하기, 위로하기

듣고 말하기

문화 차이로 인한 실수담

문법　-ㄴ다는/는다는 것이

읽고 말하기

영화 '버킷 리스트' 감상문

문법　-았으면/었으면

16과 실수·후회

준비

- 여러분은 평소에 실수나 후회를 자주 하는 편입니까?

- 실수를 하거나 후회할 때 어떤 감정을 느꼈습니까?

어휘·표현

1. 사람들은 왜 실수를 합니까?

깜박하다 →	실수하다	← 익숙하지 않다
착각하다 →		← 헷갈리다

● 알맞은 단어를 골라 문장을 완성해 봅시다.

1) 읽기 시험을 봤는데 답이 (　　　　　　) 것이 꽤 있어서 잘 못 봤을 것 같다.
2) 요즘 정신이 없어서 아버지의 생신을 (　　　　　　) 그냥 지나갔다.
3) 어떤 사람의 뒷모습이 친구와 너무 비슷해서 친구로 (　　　　　　) 어깨를 쳤는데 친구가 아니었다.

2. 사람들은 실수로 어떤 행동을 합니까?

← 밟다	실수로	치다 →
← 말실수를 하다		빠트리다 →
← 깨뜨리다		(　　　　　　) →

① (　　　　　　)

② (　　　　　　)

③ (　　　　　　)

- 실수한 경험에 대해 같이 이야기해 봅시다.

1) 핸드폰을 물에 빠트린 적이 있습니까?
2) 다른 사람을 쳐서 문제가 생긴 적이 있습니까?
3) 다른 사람의 발을 밟거나 부딪친 적이 있습니까?
4) 다른 사람의 물건을 고장 내거나 깨뜨린 적이 있습니까?

3. 실수하거나 후회할 때 어떤 감정을 느낍니까?

당황하다	놀라다	아쉽다	속상하다	창피하다	짜증이 나다

실수했을 때	
후회할 때	

- 다음 상황에서 어떤 감정을 느낄 것 같습니까?

1) 사고가 나서 토픽 시험장에 늦게 가는 바람에 시험을 못 봤다.

2) 옷을 잘못 입어서 속옷이 보이는 것을 나중에 알았다.

3) 보고 싶은 공연이 있었는데 바빠서 나중에 보려고 했다. 그런데 공연이 끝나 버렸다.

4) 선물 가게에서 컵을 구경하다가 실수로 컵을 깨뜨렸다.

어휘·표현

문법 1 -(으)ㄹ 걸 그랬다

죄송합니다. 지금은 자리가 없습니다.

우리 다른 식당으로 갈까요?

여기 음식이 맛있는데 아쉽네요.
미리 예약하고 올 걸 그랬어요.

1. 다음과 같이 말해 봅시다.

> 내일 여행 갈 때 쓸 모자를 택배로 주문했는데 모자가 너무 커요.
> 직접 가게에 가서 살 걸 그랬어요.

1) 내일 여행 갈 때 쓸 모자를 택배로 주문했는데 모자가 너무 크다
2) 일기 예보를 확인하지 않아서 비가 올 줄 몰랐다
3) 요즘 즉석식품만 먹었더니 건강이 나빠졌다
4) 공부를 하느라고 새벽에 잤는데 늦잠을 자서 시험에 늦었다
5) 비가 오는데 운동장에서 축구를 하다가 감기에 걸렸다

2. 무엇을 후회하고 있습니까? 이야기해 봅시다.

여자/남자 친구와 헤어졌다. 너무 바빠서 여자/남자 친구한테 소홀하고 생일도 못 챙겨 줬다.	어제 문화 체험을 안 갔다. 그저께 이사를 했는데 너무 피곤했다. 그런데 친구들이 재미있었다고 한다.
선생님이 나한테 실망하신 것 같다. 스승의 날에 찾아뵙기로 했는데 약속을 못 지켰다.	다음 주에 귀국하는데 너무 아쉽다. 한국에 있는 동안 여행도 안 가고 집에만 있었다.

> **가:** 여자/남자 친구와 헤어졌어요.
> **나:** 왜요?
> **가:** 제가 바빠서 여자/남자 친구에게 소홀했거든요. 생일도 못 챙겨 줬어요.
> **나:** 좀 잘 해 주지 그랬어요.
> **가:** 저도 너무 후회돼요. 사귈 때 잘 해 줄 걸 그랬어요.

문법 2 -(으)ㄹ 텐데

선생님, 힘드실 텐데 제가 도와 드릴까요?

네, 고마워요.

1. 다음과 같이 말해 봅시다.

가: 밤에 잠이 안 올 텐데 커피를 또 마셔요?
나: 커피를 안 마시면 너무 졸려요.

가	나
1) 밤에 잠이 안 오다 – 커피를 또 마시다	커피를 안 마시면 너무 졸리다
2) 김치가 맵다 – 먹을 수 있다	나는 매운 음식을 좋아하다
3) 점심시간이라서 배가 고프다 – 밥 먹으러 안 가다	나는 아침을 늦게 먹다
4) 집들이에 사람들이 많이 오다 – 음식이 충분하다	많이 만들어 놓다
5) 산 정상에 올라갔을 때 많이 추웠다 – 감기에 안 걸렸다	다행히 별로 춥지 않다

2. 다음과 같이 묻고 대답해 봅시다.

가: 일이 있어서 수업 후에 부산에 갔다 올 거예요.
나: 지금 가면 밤늦게 돌아올 텐데 피곤하겠어요.

가	나
1) 일이 있어서 수업 후에 부산에 갔다 올 것이다	________ 피곤하겠어요.
2) 내일 동창회를 하는데 일이 많아서 못 갈 것 같다	________ 아쉽겠어요.
3) 모레 발표가 있는데 발표 준비를 아직 시작도 못 했다	________ 빨리 시작하세요.
4) 먹고 남은 음식을 식탁 위에 놓았다	________ 냉장고에 넣으세요.
5) 어제 장염에 걸려서 하루 종일 누워 있었다	________ 오늘까지 쉬세요.
6) 약속이 취소돼서 주말에 할 일이 없다	________ 우리 모임에 같이 가요.

대화 1

● 이리나와 압둘라가 무슨 이야기를 합니까? 16-1

압둘라 이리나 씨, 왜 그렇게 힘이 없어요? 무슨 일 있어요?

이리나 제가 비행기 표 예매하는 걸 깜박해서 설날에 고향에 못 가게 됐어요.

압둘라 어쩌다가 그랬어요?

이리나 요즘 시험 준비하느라고 정신이 없어서 깜박했어요.

압둘라 부모님이 많이 실망하실 텐데 어떡해요?

이리나 그래서 전화 걸어서 말씀드리려고 해요.

압둘라 많이 속상하겠어요.

이리나 네, 잊어버리지 않게 잘 확인할 걸 그랬어요.

1. 확인해 봅시다.

   1) 이리나는 어떤 실수를 했습니까?

   2) 이리나가 이어서 할 행동은 무엇입니까?

2. 대화를 만들어서 발표해 봅시다.

비행기 표 예매하는 걸 깜박해서 설날에 고향에 못 가게 되다	부모님이 많이 실망하다	전화 걸어서 말씀드리다
대학교 지원 서류 하나를 준비하지 못하다	지금 준비하면 늦다	대학교 진학을 다음으로 미루다
기말 과제 제출하는 걸 깜박하다	늦게 내면 좋은 점수를 못 받다	교수님께 잘 설명드리다

대화 2

● 장핑이 투이에게 후회되는 일을 이야기하고 있습니다. 두 사람이 어떻게 이야기합니까?

1. 대화를 만들어 봅시다.

대화에 무슨 내용이 필요해요?	어떤 표현을 사용할 수 있어요?
실수한 일 말하기	___을/를 착각해서 -았어요/었어요
상황 및 상대방 기분 추측하기	-(으)ㄹ 텐데 -겠어요
후회 표현하기	-(으)ㄹ 걸 그랬어요
위로하기	다음에 -(으)면 되니까 너무 실망하지 마세요

2. 대화를 들으면서 확인해 봅시다. 16-2

투이 장핑 씨, 어제 토픽 시험 잘 봤어요?
장핑 말도 마세요. 시험장에 가지도 못했어요.
투이 왜요? 무슨 일 있었어요?
장핑 제가 한국 대학교에 가야 되는데 시험장을 착각해서 한국 고등학교로 갔어요.
투이 그래서 어떻게 했어요?
장핑 다시 시험장으로 갈 시간이 없어서 결국 시험을 못 봤어요.
투이 준비하느라고 힘들었을 텐데 너무 속상하겠어요.
장핑 네, 장소를 좀 더 꼼꼼하게 확인할 걸 그랬어요.
투이 다음에 잘 보면 되니까 너무 실망하지 마세요.

3. 확인해 봅시다.

1) 장핑은 어떤 실수를 했습니까?

2) 장핑은 어떤 일을 후회하고 있습니까?

활동

● 지금까지 살면서 후회하는 일이 있습니까? 이야기해 봅시다.

저는 지금 중학교, 고등학교 동창 중에서 연락하는 친구가 한 명도 없어요. 고등학교를 졸업하고 대학교에 가서 남자 친구를 사귀었는데, 연애하느라고 동창 모임에 안 나갔어요. 그 후에 동창들과 연락이 점점 줄어들다가 지금은 연락이 끊겼어요. 주변 친구들은 중·고등학교 친구들이랑 동창회도 하고 자주 만나면서 즐거운 추억을 쌓는데 저는 그럴 수 없어서 후회돼요. 지금은 그 남자 친구하고도 헤어졌어요. 친구들과 멀어지지 않게 꾸준히 연락할 걸 그랬어요.

내가 후회하는 일

듣고 말하기

● 여러분은 어떤 실수를 자주 합니까?

□ 물건을 잘 잃어버린다. □ 물건을 잘 고장 낸다. □ 말실수를 많이 한다.
□ 할 일을 자주 잊어버린다. □ 사람들 이름을 헷갈린다. □ 기타

미리 듣기

● 다음을 듣고 이야기해 봅시다. 16-3

1) 뉴스 보도에 의하면 왜 싸움이 났다고 합니까?

2) 길에서 남자는 왜 여자를 쫓아왔습니까?

듣기

● 간토야와 제프리가 만나서 이야기합니다. 들어 봅시다. 16-4

1. 듣고 이야기해 봅시다.

1) 두 사람은 무엇에 대해 이야기하고 있습니까?

2) 간토야와 제프리는 어떤 실수를 했습니까?

간토야	
제프리	

2. 들은 내용과 같으면 O, 다르면 × 하십시오.

1) 간토야는 현재 3급에서 공부하고 있다. ( )
2) 간토야는 몽골과 한국의 문화 차이 때문에 실수를 했다. ( )
3) 간토야는 너무 창피해서 사과를 안 하고 버스에서 내렸다. ( )
4) 옷 가게 점원은 거스름돈을 주려고 제프리를 쫓아왔다. ( )
5) 제프리는 쇼핑하러 갔을 때 한국말을 잘 못해서 계산할 때 실수했다. ( )

3. 친구와 묻고 대답해 봅시다.

1) 몽골에서는 다른 사람의 발을 밟으면 어떻게 합니까?
2) 간토야는 실수를 한 후에 어떻게 했습니까?
3) 옷가게 점원이 쫓아왔을 때 제프리는 왜 긴장했습니까?
4) 제프리는 실수한 후에 어떤 기분이 들었습니까?

4. 발음에 주의하면서 듣고 따라 해 봅시다. 16-5

1) 넓고 넓은 바다
[널꼬][널븐]

2) 사과 여덟 개에 만 원입니다.
[여덜]

3) 예전에 버스 안에서 실수로 어떤 남자 발을 밟은 적이 있었어요.
[발븐]

4) 다른 사람의 발을 밟거나 부딪치면 꼭 사과하세요.
[밥꺼나]

활동 한국에 살면서 문화 차이로 인해 또는 한국 생활에 익숙하지 않아서 실수한 적이 있습니까? 실수한 후에 어떻게 했습니까? 말해 봅시다.

- 대중교통 이용 시
- 쇼핑할 때
- 카페나 식당에 갔을 때
-

문법 3 -ㄴ다는/는다는 것이

1. 다시 들어 봅시다. 16-6

제프리	제가 5천 원짜리를 **낸다는 것이** 5만 원짜리를 냈더라고요.
간토야	돈 색깔이 비슷해서 헷갈렸나 봐요.

2. 다음과 같이 말해 봅시다.

 → 

오이를 사다 애호박을 사다

오이를 산다는 것이 애호박을 샀어요.

원래 하려고 한 일	실수로 한 일
1) 오이를 사다	애호박을 사다
2) 동료에게 전화하다	사장님께 전화하다
3) 한국 돈을 내다	우리 나라 돈을 내다
4) 비타민을 먹다	두통약을 먹다
5) 『국민 한국어3』을 가져오다	『국민 한국어2』를 가져오다
6) '읽기'라고 쓰다	'일기'라고 쓰다

3. 상황에 맞게 대화를 만들고 이야기해 봅시다.

친구에게 전화해서 반말로 말했다.
그런데 선생님이 대답하신다.

병원에서 팔이 아프다고 했는데
의사 선생님이 발을 살펴보신다.

친구와 같이 먹으려고 감자볶음을 만들었다.
소금을 넣었는데 음식 맛이 너무 달다.

택시 기사님께 신촌역이라고 말했는데
시청역으로 가셨다. 내가 잘못 발음한 것 같다.

가: 장핑, 나 심심한데 우리 만나자. 지금 어디야?
나: 여보세요?
가: 앗, 장핑 핸드폰 아니에요?
나: 아닌데요. 혹시 카오루 씨예요?
가: 네, 선생님이세요? 죄송합니다. 장핑한테 전화한다는 게 선생님께 했어요.

읽고 말하기

● 여러분은 하고 싶은 일이 있을 때 어떻게 합니까?

□ 생각하자마자 바로 한다.
□ 계획을 세운 후에 나중에 한다.
□ 다른 할 일이 있으면 참는다.
□ 안 하고 나중에 후회할 때가 많다.

● 요즘 가장 하고 싶은 일은 무엇입니까?

미리 읽기

● 다음을 읽고 이야기해 봅시다.

8월 27일, 날씨 흐림.

오늘 책 한 권을 읽었다. 죽음을 앞둔 사람들이 공통적으로 하는 후회에 대해 쓴 책이었다. 책의 내용을 보니 사람들이 후회하는 건 특별한 일이 아니었다. '사랑하는 사람에게 좀 더 표현을 했으면 좋았을 텐데.', '진짜 하고 싶은 일을 했으면 후회하지 않았을 텐데.' 이런 것들이다. 어쩌면 우리가 생활하느라고 여유가 없어서 소홀히 했던 일인 것 같다. 아직 죽음에 대해 생각해 본 적이 없었는데, 책을 읽고서 앞으로 어떻게 살지 고민해 봐야겠다는 생각이 들었다. 앞으로 뭘 하면 후회 없이 살 수 있을까?

1) 책의 내용에 의하면 죽음을 앞둔 사람들은 어떤 후회를 한다고 합니까?

2) 이 사람은 책을 읽고 어떤 생각을 했습니까?

읽기

● 영화 감상문입니다. 읽어 봅시다.

요즘 사람들 사이에서는 '버킷 리스트(bucket list)'가 유행이다. 버킷 리스트는 죽기 전에 꼭 해 보고 싶은 일들을 적은 소망 목록이다. 버킷 리스트에는 크고 대단한 일만 포함되는 것은 아니다. '잊고 있던 사람들과 다시 연락하기', '피부 관리 받기'와 같이 평소에 하고 싶었던 작은 일이나, '작가 되기', '내 회사 경영하기' 같은 장래의 꿈까지 모두 버킷 리스트에 포함될 수 있다.

'버킷 리스트'라는 말은 2007년에 영화 〈버킷 리스트〉가 상영된 후부터 널리 사용되기 시작했다. 영화는 죽음을 앞둔 두 주인공이 한 병실을 쓰게 되면서 시작된다. 가난하지만 평생 가정을 위해 살아온 정비사와 사람을 싫어하는 성격 때문에 주변에 가까운 사람이 없는 부자 사업가. 이 두 주인공은 여유 없이 일만 하며 살았지만 이제 자신들이 1년밖에 살 수 없다는 사실을 알게 된다. 이들은 남은 시간 동안 하고 싶은 일에 대한 목록을 만들고, 병실에서 나와 이를 하나씩 실행해 나간다. 그렇게 두 주인공은 잊고 있던 꿈을 이루며 삶의 의미와 기쁨을 발견하게 된다. 이 영화는 '우리가 인생에서 가장 많이 후회하는 것은 살면서 한 일들이 아니고 하지 않은 일들'이라는 것을 깨닫게 해 준다.

살면서 아무 후회 없이 현재의 생활에 만족하는 사람은 거의 없을 것이다. 하지만 하고 싶은 일을 하나씩 이루어 나가는 기쁨이 있다면 우리 생활이 훨씬 더 행복하지 않을까? 나중에 인생을 뒤돌아봤을 때 '그 일을 했으면 좋았을 텐데.'라고 후회하지 않도록 지금이라도 하고 싶은 일들을 적어서 하나씩 실행해야겠다.

1. 읽고 이야기해 봅시다.

1) 버킷 리스트는 무엇입니까?

2) '버킷 리스트'라는 단어는 언제부터 널리 사용되기 시작했습니까?

2. 읽은 내용과 같으면 O, 다르면 × 하십시오.

1) 버킷 리스트에는 작은 일보다 크고 대단한 일을 적어야 한다. ( )
2) '버킷 리스트'라는 말이 유행한 후 영화 〈버킷 리스트〉가 만들어졌다. ( )
3) 영화 〈버킷 리스트〉의 주인공들은 죽음을 앞두고 병실에서 만났다. ( )
4) 영화 〈버킷 리스트〉의 주인공들은 하고 싶었던 일을 하지 못해서 남은 시간을 후회하며 보낸다. ( )

3. 친구와 묻고 대답해 봅시다.

1) 버킷 리스트에는 어떤 일들이 포함됩니까?
2) 영화 〈버킷 리스트〉의 두 주인공은 어떤 사람입니까?
3) 영화 〈버킷 리스트〉는 우리에게 무엇을 깨닫게 해 줍니까?
4) 글쓴이는 영화를 보고 무슨 생각을 했습니까?

활동 사는 동안 꼭 해 보고 싶은 일이 있습니까? 나의 버킷 리스트를 다섯 개 작성한 후, 왜 그 일을 해 보고 싶은지 이야기해 봅시다.

♥ 나의 버킷 리스트 ♥

1)
2)
3)
4)
5)
6) 세계 여행하기

문법 4 -았으면/었으면

1. 다시 읽어 봅시다.

나중에 인생을 뒤돌아봤을 때 '그 일을 **했으면** 좋았을 텐데.'라고 후회하지 않도록 지금이라도 하고 싶은 일들을 적고 하나씩 실행해야겠다.

2. 다음과 같이 말해 봅시다.

일기 예보를 보지 않아서 우산을 안 가져오다 → 일기 예보를 봤으면 우산을 가져왔을 거예요.

1) 일기 예보를 보지 않아서 우산을 안 가져오다
2) 옷을 얇게 입고 외출했는데 감기에 걸리다
3) 밤에 야식을 자주 먹어서 살이 많이 찌다
4) 연습을 충분히 했더니 말하기 시험을 잘 보다
5) 꾸준히 운동했더니 등산하는 것도 별로 힘들지 않다

3. 상황에 맞게 대화를 만들고 이야기해 봅시다.

교수님께 실수로 반말을 하다가 혼나다
– 한국어가 서툴러서 헷갈리다

위염에 걸려서 고생하고 있다
– 음식을 짜고 맵게 먹다

제일 아끼는 가방이 찢어지다
– 가방에 물건을 너무 많이 넣다

친구가 넘어져서 다치다
– 장난치다가 내가 실수로 밀다

가: 교수님한테 반말을 하다가 혼났어요.
나: 교수님한테 왜 반말을 했어요?
가: 한국어가 서툴러서 헷갈렸어요. 한국어를 배울 때 열심히 했으면 그런 실수를 안 했을 텐데 좀 후회돼요.
나: 앞으로는 그러지 않도록 조심하세요.

쓰기 8 후회하는 일

글쓰기

1. 여러분은 후회를 한 적이 있습니까? 보통 어떤 일에 대해서 후회합니까?

인간관계	생활 습관/태도	공부/일	건강
✓ 친구와 싸운 일 ✓ 부모님을 속상하게 한 일 ✓	✓ ✓ ✓	✓ ✓ ✓	✓ ✓ ✓

2. 내가 후회하는 일에 대해서 생각해 봅시다.

후회하는 일은 무엇입니까?	그때 왜 그렇게 했습니까?	그 일을 후회하는 이유는 무엇입니까?	후회를 한 후 어떤 결심을 했습니까?

3. 후회에 대한 글을 쓸 때 사용하면 좋은 표현을 알아봅시다.

후회	상황/이유	결심/다짐
-았으면/었으면 -았을/었을 것이다 -았을/었을 텐데	-느라고 -는 바람에	-아야겠다/어야겠다 -(으)려고 노력할 것이다

4. 무엇을 써야 할지 정리해 봅시다.

처음	시작하는 말	
가운데	후회하는 일과 그때의 상황	
	그 일을 후회하는 이유	
끝	앞으로의 결심/다짐	

5. 글을 써 봅시다.

부록

- 3-2 듣기 대본
- 모범 답안
- mp3 목록

3-2 듣기 대본

9과 학교생활 2

미리 듣기 09-3

카오루 나 이번에 동아리 하나 더 가입했어.

이리나 또? 너 원래 태권도 동아리에서 활동하지 않았어?

카오루 응, 태권도 동아리는 주말에만 하거든. 주중에도 동아리 활동을 하고 싶어서 밴드 동아리에 가입했어. 여기에서 기타 치는 것도 배우고 드럼 치는 것도 배워.

이리나 대단하다. 나는 하나만 하는데도 시간이 없는데…….

카오루 넌 무슨 동아리 하는데?

이리나 영화 동아리. 같이 영화도 보고 이야기도 하는 동아리야.

듣기 09-4

진행자 안녕하세요? BBS 정오 방송을 시작합니다. 여러분은 어느 동아리에 관심이 있으십니까? 오늘은 우리 학교에서 가장 활발한 활동을 하고 있는 동아리 회장님 세 분을 모셨습니다. 안녕하세요?

동아리 회장들 모두 같이 네, 안녕하세요.

진행자 우선 간단히 동아리 소개를 부탁드립니다. 먼저 태권도 동아리 회장님부터 말씀해 주세요.

태권도 동아리 회장 안녕하세요. 태권도 동아리에서 회장을 맡고 있는 체육 교육학과 주진하입니다. 저희는 태권도를 좋아하는 사람들이 모여서 같이 운동하고 친목을 다지는 동아리입니다. 가족 같은 선후배 관계가 가장 큰 장점이라고 할 수 있습니다. 태권도를 배운 적이 없는 사람도 기초부터 배울 수 있으니까 많이 들어오세요!

진행자 네. 잘 들었습니다. 그럼 다음은 차 동아리 회장님, 소개 부탁드립니다.

차 동아리 회장 안녕하세요? 저는 차 동아리 회장 국어국문학과 이주아입니다. 저희 동아리는 학교 후문에 있는 명원민속관에 있습니다. 명원민속관에 모여 일주일에 한 번씩 다도를 배웁니다. 4월에 차를 마셔 보는 시음 행사가 있으니까 그때 한번 들러 주세요. 따뜻한 차와 과자를 준비해 놓겠습니다.

진행자 네, 차 동아리 회장님, 자세한 설명 감사드립니다. 그럼 마지막으로 춤 동아리 회장님, 소개해 주세요.

춤 동아리 회장 네, 안녕하세요? 저는 춤 동아리 회장 윤산희라고 합니다. 경제학과고요. 저희 동아리에는 다양한 전공의 친구들이 50명 정도 모여서 춤을 배우고 있습니다. 실력이 좋은 친구들은 대회에도 나갑니다. 복지관 1층에 연습실이 있으니까 언제든지 방문해 주세요. 여러분을 위해 문을 활짝 열어 놓겠습니다.

진행자 네. 회장님들, 자세한 소개 잘 들었습니다. 오늘 BBS 정오 방송에서는 세 분의 동아리 회장님과 함께 이야기 나누고 있습니다. 그럼 노래 한 곡 듣고 다시 만나겠습니다.

10과 외모 · 성격

미리 듣기 10-3

1) 제 성격은 좀 내성적이고 소심해요. 그렇지만 일을 할 때는 시간 안에 최선을 다해서 끝내려고 노력해요.

2) 저는 좋아하고 싫어하는 것이 분명해요. 그래서 마음에 안 들 때는 싫다고 솔직하게 말해요.

3) 저는 성격이 활발하고 유머 감각이 있어서 주위에 사람들이 많아요. 그리고 사교적이어서 처음 만나는 사람들과 금방 친구가 돼요.

4) 전 제 마음을 잘 모르겠어요. 기분이 좋다가 갑자기 나빠질 때가 많아요. 기분 변화가 심한 것 같아요.

듣기 10-4

윤아 이리나, 무슨 일 있어? 걱정이 있는 거 같은데.

이리나 친구가 주말에 같이 쇼핑하러 가자고 했는데 일이 있어서 못 간다고 했어요. 친구 부탁을 거절하니까 마음이 편하지 않아요.

윤아 뭘 그런 걸 가지고 신경을 써? 시간이 있으면 같이 가고 없으면 못 가는 거지. 그 친구도 신경 안 쓸 거야.

이리나 그럴까요? 사실 제가 좀 걱정이 많은 편이에요. 제 말이 다른 사람에게 상처가 될 것 같아서 걱정을 많이 해요. 크고 작은 일에 신경 쓰느라고 잠을 못 잔 적도 있고요.

윤아 너 혹시 A형이니?

이리나 A형요? 혈액형을 말하는 거예요?

윤아 응, 한국에서는 혈액형에 따라 사람 성격이 다르다고 해. 인터넷에도 혈액형에 대한 이야기가 많은데……. 이것 좀 봐. 'A형 사람들은 내성적이고 소심하지만 성실한 편이다. 그리고 B형 사람들은 하고 싶은 말과 행동을 솔직하게 표현한다.'

이리나 재미있는 얘기네요. 윤아 언니는 혈액형이 뭐예요?

윤아 B형이야.

이리나 B형요? 언니는 성격이 솔직하니까 맞는 거 같은데요?

윤아 그럼 너는 A형 맞아?

이리나 사실 저는 제 혈액형을 몰라요.

윤아 모른다고?

이리나 네. 러시아 사람들은 혈액형에 별로 관심이 없어요. 그 대신에 별자리로 사람 성격을 판단해요.

윤아 별자리? 양자리, 염소자리, 뭐 그런 거 말이야?

이리나 네, 언니 생일이 언제지요?

윤아 4월 2일.

이리나 4월 2일이면 양자리네요. 우리 인터넷으로 언니 별자리를 한번 찾아볼까요?

11과 한국

미리 듣기 11-3

1) 알렉세이, 한국에서는 고기를 먹을 때 쌈을 싸서 먹어. 봐. 상추에다가 밥과 고기를 올리고 쌈장을 넣어서 이렇게 싸는 거야.

2) 손님, 비빔밥은 비벼서 먹는 음식이에요. 고추장과 참기름을 좀 넣고 잘 비벼서 드세요.

듣기 11-4

리포터 안녕하세요? KMU 방송국의 이수민입니다. 지금 저는 '한국 음식 문화 축제'가 열리고 있는 성북동에 나와 있는데요. 외국 분들을 만나 한국의 음식 문화에 대해 얘기 나눠 보겠습니다. 안녕하세요? 어디에서 온 누구세요?

알렉세이 저는 러시아에서 온 알렉세이라고 합니다.

리포터 반갑습니다. 알렉세이 씨, 한국 음식 좋아하세요?

알렉세이 그럼요, 진짜 좋아해요.

리포터 어떤 음식을 좋아하세요?

알렉세이 삼겹살, 감자탕, 족발……. 너무 많아요.

리포터 알렉세이 씨는 한국 음식을 드실 때 어떤 점이 인상적이었습니까?

알렉세이 고기 먹을 때 쌈을 싸서 먹는 게 신기했어요. 재미있기도 하고 채소를 같이 먹으니까 건강에도 좋은 것 같아요.

리포터 쌈 싸 먹는 걸 누구한테 배우셨어요?

알렉세이 한국 친구한테요. 처음에는 그냥 고기 따로 채소 따로 먹었거든요. 그런데 친구가 그렇게 먹는 게 아니라면서 상추에다가 고기를 싸서 줬어요. 와, 정말 맛있더라고요.

리포터 네, 상추에 여러 가지를 넣어서 크게 싸 먹으면 정말 맛있죠. 옆에 계신 분은 알렉세이 씨 친구분이신가요?

에바 네.

리포터 소개 좀 부탁드립니다.

에바 저는 스웨덴에서 온 에바입니다.

리포터 반갑습니다, 에바 씨. 에바 씨는 한국 음식을 드시면서 어떤 점이 가장 인상적이었습니까?

에바 처음 한국에 왔을 때 한식당에 간 적이 있었는데요. 그때만 해도 비빔밥을 먹는 방법을 몰라서 밥 위에 있는 채소를 먼저 집어 먹었어요. 그렇게 채소만 먹고 있는데 식당 아주머니가 웃으면서 밥과 채소를 같이 비벼 주셨어요.

리포터 그렇게 먹으니까 어땠어요?

에바 여러 가지 맛이 섞여서 더 맛있더라고요. 그다음

부터는 집에서도 자주 비벼 먹어요.

리포터 네, 그러셨군요. 비벼 먹는 것이 외국 분들에게는 신기할 수도 있겠네요. 우리에게 익숙한 문화가 다른 나라 사람에게는 낯설고 재미있게 느껴질 수 있는 것 같습니다. 지금까지 '한국 음식 문화 축제'에서 이수민이었습니다.

12과 고민 상담

미리 듣기 12-3

1) **압둘라** 저는 아침에 너무 늦게 일어나요. 아홉 시까지 학교에 가야 하는데 아홉 시가 지나서 일어날 때가 많아요.

친구 저녁에 운동하고 일찍 자면 일찍 일어날 수 있을 거예요. 좋은 생활 습관만큼 중요한 것은 없어요.

2) **장핑** 집 근처에서 아르바이트를 하는데 같이 일하는 사람이 일은 안 하고 계속 핸드폰만 봐요. 정말 짜증 나요.

친구 그 사람하고 직접 얘기해 봤어요?

장핑 네. 그런데 소용없었어요.

친구 그럼 사장님께 말씀드리는 게 어때요?

듣기 12-4

윤아 얘들아, 안녕?

장핑 오랜만이에요, 윤아 누나.

장설 언니, 잘 지내셨어요?

윤아 그럼, 잘 지냈지. 장핑은 요즘 어떻게 지내?

장핑 잘 지내요.

윤아 그런데 얼굴 표정이 왜 그래?

장핑 사실 고민이 좀 있어서요.

윤아 무슨 고민?

장핑 이제 한국 생활은 많이 익숙해졌는데 아직까지 한국 친구가 없어요. 한국에 오면 친구를 많이 사귀고 한국어도 금방 늘 줄 알았는데 생각만큼 쉽지 않네요.

장설 맞아요. 한국 친구들은 너무 바빠 보여서 말 걸기가 어려워요.

윤아 너희가 먼저 적극적으로 다가가 봐. 외국인 친구를 사귀고 싶어 하는 한국 사람들도 많거든.

장핑 제가 아직 한국말이 서투른데 친구를 사귈 수 있을까요?

윤아 그럼. 용기를 가져! 동아리에 가입해서 친구들을 만나는 것도 도움이 될 거야. 너는 운동을 좋아하니까 태권도 동아리 같은 곳은 어때?

장핑 음, 동아리에 들어가는 것도 괜찮겠네요.

윤아 장설은 어때? 전공 수업을 듣는 것이 힘들지 않아?

장설 수업 내용은 이해할 수 있는데 조별 발표가 많아요. 준비하는 것도 힘든데 우리 조에 열심히 안 하는 친구가 있어서 더 힘들어요.

윤아 예전에 우리 조에도 그런 친구가 있었는데, 난 교수님께 메일을 보내서 도와 달라고 했어.

장설 그런 방법이 있었네요. 그런데 언니는 요즘 잘 지내세요?

윤아 나도 4학년이 돼서 진로 때문에 고민이 많아. 대학원에 갈지 취직을 할지 생각 중이야.

장핑 누난 어떤 일을 하고 싶은데요?

윤아 뭘 하고 싶은지 잘 모르겠어. 이게 가장 큰 고민이야.

장설 언니는 항상 웃고 있어서 고민이 없는 줄 알았는데…….

윤아 고민 없는 사람이 어디 있니? 어휴, 머리 아픈 이야기 하니까 갑자기 매운 음식이 먹고 싶다. 우리 떡볶이 먹으러 갈까?

13과 연애·결혼

미리 듣기 13-3

여자 너 걔 좋아하지?

남자 누구?

여자 우리 과 1학년 은선이.

남자 어? 너 어떻게 알았어?

여자 수업 시간에 수업은 안 듣고 걔만 보고 있던데 뭘.

남자 야! 절대 다른 애들한테 말하지 마. 아직 고백도 못 했어.

여자 그냥 사귀자고 말해.

남자 거절당할까 봐 말을 못 하겠어.

여자 그렇게 가만히 있으면 사귈 수가 없지. 기회를 봐서 같이 밥을 한번 먹든지 영화를 보자고 하든지 해 봐.

듣기 13-4

윤아 엄마, 뭐 하세요?

엄마 오랜만에 옛날 사진을 보고 있어.

윤아 엄마랑 아빠네요? 여기는 어디예요?

엄마 아빠랑 연애할 때 자주 가던 영화관이야.

윤아 두 분 다 젊고 멋지네요. 엄마 아빠는 연애할 때 영화를 자주 봤어요?

엄마 응, 둘 다 영화를 무척 좋아했거든.

윤아 그런데 두 분은 어떻게 사귀게 된 거예요?

엄마 대학 다닐 때 같이 듣던 수업이 있었는데 갑자기 휴강이 됐어. 엄마가 강의실에 좀 늦게 가니까 다른 학생들은 다 집에 가고 아빠만 혼자 남아 있더라고.

윤아 그래서요?

엄마 아빠가 "수업도 없어졌으니까 우리 영화 보러 갈래?" 라고 하는 거야. 사실 우리가 같은 과이긴 했지만 많이 친한 사이는 아니었거든. 그래서 좀 놀랐어.

윤아 아빠가 엄마를 일부러 기다린 것 아니에요? 데이트할 기회를 만들려고.

엄마 맞아, 그전부터 엄마를 좋아하고 있었대.

윤아 그래서 아빠랑 같이 영화를 보러 갔어요?

엄마 응, 사실 엄마도 아빠한테 조금 관심이 있었거든. 같이 옆에 앉아서 영화를 보는데 좀 떨리더라.

윤아 아, 그래서요?

엄마 영화가 끝나고 커피를 마시면서 이야기를 하는데 말이 정말 잘 통하는 거야. 시간이 어떻게 가는지도 몰랐어. 카페 문을 닫을 때까지 있었으니까.

윤아 그러고 나서 아빠가 집까지 데려다줬어요?

엄마 어, 집 앞에서 아빠가 그다음 주에도 또 영화 보자고 하는데 너무 설렜어.

아빠 여보, 나 왔어요. 그런데 둘이 뭐 하고 있어요?

윤아 아, 아빠, 다녀오셨어요? 이 사진 기억나세요?

14과 언어생활

미리 듣기 14-3

1) 어! 카오루 씨, 우리 교실에 왜 왔어요?

2) 오늘 수업은 여기까지 하겠습니다. 내일 봅시다.

듣기 14-4

오늘 수업에서는 학생들이 한국어를 사용하면서 경험했던 일에 대해 이야기해 보겠습니다.
대화를 듣고 학생들이 어떤 실수를 했는지, 어떻게 말하는 것이 좋은지 이야기해 봅시다.
먼저, 첫 번째 대화를 들어 보겠습니다.

간토야 어! 선생님, 안녕하세요?

선생님 하하, 간토야 씨, 우리 아침에 만났을 때 인사했잖아요. 쉬는 시간 지나고 다시 만났을 때는 살짝 고개만 숙이면 돼요.

간토야 아, 정말요? 미안합니다.

선생님 미안하긴요. 그런데 간토야 씨, 어른에게는 '미안합니다'보다 '죄송합니다'라고 하는 게 더 좋아요. '미안합니다'라는 말은 나이가 비슷하거나 어린 사람한테 주로 사용하거든요.

간토야 높임말과 반말은 정말 어려운 것 같아요. 자연스럽고 정확하게 사용하고 싶은데 그게 잘 안 돼요.

선생님 배운 지 얼마 안 돼서 그래요. 시간이 지나면 잘하게 될 거예요.

어때요? 간토야는 무엇을 어려워해요? 자, 다음으로 제프리와 선생님의 대화도 들어 봅시다.

제프리 선생님, 제가 어제 당신한테 숙제를 줬는데 봤어요?

선생님 네, 다 확인했어요. 여기 있어요. 그런데 제프리 씨, '줬는데 봤어요?'라고 하지 말고 '드렸는데 보셨어요?'라고 해야 해요. 그리고 어른한테는 '당신한테'라고 하면 안 돼요.

제프리 정말요? 죄송해요. '당신'이라는 말을 사용하면 안 된다고 배웠는데도 자꾸 잊어버려요.

선생님 저는 이해할 수 있지만 한국 사람들은 '당신'이라는 말을 들으면 기분 나빠할 수 있으니까 조심하세요.

이번 대화에서 제프리는 선생님에게 어떤 실수를 했어요? 자, 그럼 지금부터는 한국말을 할 때 지켜야 하는 언어 예절에 대해 좀 더 이야기해 봅시다.

15과 사고

미리 듣기 15-3

1) 여 이번 역은 2호선이나 4호선 열차로 갈아타실 수 있는 동대문역사문화공원, 동대문역사문화공원역입니다. 내리실 문은 왼쪽입니다. 이 역은 열차와 승강장 사이가 넓으니 타고 내리실 때 조심하시기 바랍니다.

2) 남 안내 말씀 드리겠습니다. 출입문이 닫힐 때는 출입문에 끼어 사고가 날 수 있으니 무리하게 타고 내리지 마시기 바랍니다.

3) 여 이번 역은 우리 역의 종착역인 대화, 대화역입니다. 내리실 때에는 차 안에 두고 내리는 물건이 없는지 다시 한번 살펴보시기 바랍니다. 안녕히 가십시오. 고맙습니다.

듣기 15-4

장핑 어제 동대문역사문화공원역에서 사고가 나서 큰일 날 뻔했어요.

투이 무슨 사고요?

장핑 그 역의 타는 곳과 열차 사이가 너무 넓은 것 같다고 우리가 얘기한 적이 있었죠?

투이 그랬죠. 지하철에서도 조심하라고 안내 방송이 나오잖아요.

장핑 그런데 어제 한 아이가 발을 잘못 디뎌서 그 사이로 떨어졌어요.

투이 정말요? 직접 봤어요?

장핑 네, 사람들이 다 그쪽으로 뛰어가고 난리가 났었어요.

투이 그래서 어떻게 됐어요?

장핑 역무원이 열차를 출발하지 못하게 하고, 다른 사람들이 같이 아이를 끌어올려서 무사히 구조했어요.

투이 아이는 안 다쳤어요?

장핑 다행히 별로 다친 거 같진 않았는데 많이 놀랐는지 계속 울더라고요.

투이 와, 정말 위험한 상황이었네요.

장핑 네. 저도 정말 놀랐어요. 그리고 예전에 뉴스에서 봤는데 승강장과 열차 사이에 물건을 떨어뜨리는 사고도 꽤 많대요. 그 뉴스를 보고 나서 저도 핸드폰을 떨어뜨릴까 봐 신경 쓰게 됐어요.

투이 사실 저는 지하철을 타고 내릴 때 안내 방송이 나와도 별로 신경 안 썼거든요. 그런데 이 얘길 들으니까 앞으론 주의해야겠다는 생각이 드네요.

장핑 맞아요. 이런 사고는 조심하면 미리 예방할 수 있으니까 사고가 안 나도록 항상 조심해야겠어요.

16과 실수·후회

미리 듣기 16-3

1) 여 뉴스를 보니까 두 사람이 실수로 부딪쳤는데 서로 사과를 안 해서 큰 싸움이 났대.

남 부딪치면 당연히 사과해야지 왜 그랬을까?

2) 여 세상에는 친절한 사람이 많은 것 같아요.

남 왜 갑자기 그런 생각을 했어요?

여 학교 오는 길에 한 남자가 쫓아와서 깜짝 놀랐는데, 제가 떨어뜨린 지갑을 주워서 갖다준 거더라고요. 정말 고마웠어요.

듣기 16-4

간토야 3급에 온 게 엊그제 같은데 이번 학기가 한 주밖에 안 남았네요.

제프리 시간이 참 빨리 가죠? 한국 생활도 예전에는 낯설었는데 이제는 꽤 익숙해졌어요.

간토야 저도 그래요. 처음 한국에 왔을 때 했던 실수들을 생각하면 지금도 웃음이 나와요.

제프리 재미있는 일이 있었어요?

간토야 네, 예전에 버스 안에서 실수로 어떤 남자 발을 밟은 적이 있었는데, 그때 깜짝 놀라서 저도 모르게 그 사람 손을 잡았어요.

제프리 왜 손을 잡았어요?

간토야 몽골에서는 다른 사람의 발을 밟으면 악수를 하고 사과하거든요. 그렇지 않으면 싸움이 날 수도 있어요.

제프리 문화가 달라서 생긴 일이었네요. 그래서 어떻게 했어요?

간토야 사과를 했는데도 그 남자가 저를 자꾸 쳐다보더라고요. 너무 창피해서 다음 정류장에서 바로 내렸어요. 제프리 씨는 그런 실수를 한 적이 없었어요?

제프리 저도 예전엔 실수를 많이 했죠. 한번은 동대문에서 쇼핑할 때 마음에 드는 모자를 발견했는데, 진짜 싸더라고요.

간토야 얼마였는데요?

제프리 5천 원밖에 안 했어요. 그래서 계산하고 기분 좋게 가는데, 뒤에서 옷 가게 점원이 큰 소리로 저를 부르면서 쫓아오는 거예요.

간토야 왜요? 왜 쫓아왔어요?

제프리 저도 깜짝 놀랐죠. '한국말도 잘 못하는데 어떡하지?' 하고 긴장하고 있는데, 점원이 저한테 돈을 내밀었어요.

간토야 돈을요?

제프리 네, 4만 5천 원요. 제가 5천 원짜리를 낸다는 것이 5만 원짜리를 냈더라고요.

간토야 돈 색깔이 비슷해서 헷갈렸나 봐요.

제프리 맞아요. 점원이 거스름돈을 주려고 돌아보니까 제가 없어서 쫓아왔대요. 점원에게 고맙기도 하고 좀 창피하기도 했어요.

간토야 그런 실수는 누구나 할 수 있죠. 한국 사람도 그런 실수를 할걸요.

제프리 아무튼 지난 실수 얘기를 하니까 재미있네요.

모범 답안

9과 학교생활 2

어휘·표현

1. ① 자동차공학 ② 국어국문학 ③ 식품영양학
   ④ 의상디자인학 ⑤ 경제학 ⑥ 건축학
2. ① 서류 제출 ② 자기소개서 ③ 면접시험
3. ① 수강 신청을 하다 ② 교재를 준비하다
   ③ 토론하다 ④ 강의실을 확인하다
   ⑤ 실험하다 ⑥ 성적을 확인하다

미리 듣기

1) 밴드, 영화
2) 태권도 동아리는 주말에만 하는데 주중에도 동아리 활동을 하고 싶어서 밴드 동아리에 가입했다.

듣기

1. 1) 동아리 회장 세 명
   2) ① 태권도 동아리 • — •같이 운동하고 친목을 다진다
      ② 차 동아리 • — •명원민속관에서 전통 다례를 연습한다
      ③ 춤 동아리 • — •춤을 배우고 연습도 한다
2. 1) ○ 2) × 3) ○ 4) × 5) ○
3. 1) 동아리를 소개하려고 나왔다.
   2) 가족 같은 선후배 관계가 가장 큰 장점이다.
   3) 동아리의 위치, 모임 횟수와 배우는 것, 시음 행사에 대해 설명했다.

미리 읽기

1) 간단한 자기 소개와 한국 유학을 결심한 이유
2) 누나 덕분에 한국에 관심을 가지게 되었다.

읽기

1. 1) 입학 서류를 준비하기 위해서 썼다.
   2) ① 한국어 실력을 더 쌓을 것이다
      ② 전공 책을 많이 읽을 것이다
      ③ 광고 공모전에 참가할 것이다
      ④ 학생 인턴 프로그램에 지원할 것이다
      ⑤ 전통문화 동아리에 들 것이다
      ⑥ 한국 곳곳을 여행할 것이다
2. 1) ○ 2) × 3) ○ 4) ○
3. 1) 전공 공부를 잘 하기 위해서 한국어 실력이 필요하기 때문이다.
   2) 사회 경험을 쌓는 것이 중요하다고 생각하기 때문이다.
   3) 늘 노력하고 도전하는 사람이 되겠다고 했다.

10과 외모·성격

어휘·표현

1. 1) ① 눈이 작다 ② 코가 낮다 ③ 머리가 짧다
      ④ 눈썹이 짙다 ⑤ 입이 작다
   2) ① 마르다 ② 체격이 좋다 ③ 어깨가 넓다
      ④ 날씬하다 ⑤ 뚱뚱하다 ⑥ 통통하다
2. 1) ① 자상한 ② 무뚝뚝한 ③ 성격이 급한
      ④ 고집이 세다 ⑤ 소심하다

미리 듣기

1) 가 2) 라 3) 나 4) 다

듣기

1. 1) 윤아 • — •B형
      이리나 • — •모른다
      (•A형)
   2) 양자리
2. 1) ○ 2) ○ 3) × 4) ×
3. 1) 친구가 주말에 같이 쇼핑하러 가자고 했는데 일이 있어서 못 간다고 거절했기 때문이다.
   2) 한국에서는 A형 사람들이 내성적이고 소심하지만 성실한 편이라고 말한다.
   3) 한국에서는 B형 사람들이 하고 싶은 말과 행동을 솔직하게 표현한다고 말한다.
   4) 두 사람은 대화 후에 인터넷으로 윤아 별자리를 찾아서 읽어 보려고 한다.

미리 읽기

1) 입이 무겁다 2) 발이 넓다 3) 손이 크다 4) 귀가 얇다
5) 눈이 높다

읽기

1. 1) 가족의 성격
   2) 발이 넓으세요, 손이 크세요, 눈이 높아서, 입이 무거워, 귀가 얇아서
2. 1) ○ 2) × 3) ○ 4) × 5) ○
3. 1) 발이 넓다. 친구들과의 모임이 많다.
   2) 손이 크다. 요리를 할 때 넉넉하게 하고, 사람들하고 나눠 먹는 것을 좋아한다.
   3) 눈이 높다. 소개팅에서 여자를 만날 때마다 모두 싫다고 말한다.
   4) 입이 무겁다. 비밀 이야기를 절대 다른 사람에게 하지 않는다.
   5) 귀가 얇다. 홈 쇼핑에서 좋다고 말하는 물건은 모두 산다.

11과 한국

어휘·표현

1. 1) ① 세배를 드리다 ② 차례를 지내다
   ③ 윷놀이를 하다 ④ 성묘하다
   ⑤ 보름달을 보며 소원을 빌다
   ⑥ 햇곡식/햇과일을 먹다
2. 1) 돌아가신 2) 독립한 3) 세운 4) 기념하는

미리 듣기

1) ①( )(✔) ②( )(✔)
2) ① 싸는 ② 비벼서

듣기

1) 한국의 음식 문화
2)

이름	한국 음식을 먹을 때 인상적이었던 점
알렉세이	고기 먹을 때 쌈을 싸서 먹는 것
에바	비빔밥을 먹을 때 밥과 채소를 같이 비벼서 먹는 것

2. 1) × 2) × 3) ○ 4) ○
3. 1) 신기하고 재미있다. 그리고 건강에 좋을 것 같다.
   2) 상추에다가 고기를 싸서 만들었다.
   3) 비빔밥을 먹는 방법을 몰라서 밥 위에 있는 채소를 집어 먹고 있었는데 식당 아주머니가 밥과 채소를 비벼 주셨다.
   4) 여러 가지 맛이 섞여서 더 맛있다고 생각했다.
   5) 한국 사람에게 익숙한 문화가 다른 나라 사람에게는 낯설고 재미있게 느껴질 수 있다고 했다.

미리 읽기

1) 마키가 본 한국인
2) 다른 사람에게 가족 호칭을 사용한다

읽기

1.

버스를 탔을 때	기사님과 손님이 자연스럽게 날씨 얘기를 하고 있었다.
친구들이 대화할 때	웃으면서 상대방의 어깨를 치거나 팔짱을 끼었다.
식당에서 밥을 먹을 때	손님이 일하시는 아주머니를 부를 때 '이모'라고 했다.

2) 한국은 사람과 사람 사이가 가까워서 따뜻함을 느낄 수 있기 때문에
2. 1) × 2) ○ 3) ○ 4) ×
3. 1) 일본에서는 처음 본 사람들끼리 대화를 잘 하지 않기 때문에 신기하다고 생각했다.
   2) 굉장히 가까운 거리에서 자연스럽게 몸이 닿을 때가 많았기 때문에 놀랐다.
   3) 가족이 아닌데 가족 호칭을 사용해서 이상하게 느꼈다.
   4) 집에서 밥을 먹는 것처럼 기분이 좋다.

12과 고민 상담

어휘·표현

2. ① 관계가 나빠지다 ② 사과하다
   ③ 상담하다 ④ 조언을 듣다

미리 듣기

1) 압둘라 친구의 조언: 저녁에 운동을 하고 일찍 자야 해요.
2) 장핑 친구의 조언: 그 사람하고 직접 이야기한 다음에 사장님께 말씀 드리세요.

듣기

1. 1) 각자의 고민

2) 장핑 • • 진로 문제
장설 • • 조별 발표
윤아 • • 한국 친구 사귀기

(장핑 — 한국 친구 사귀기, 장설 — 조별 발표, 윤아 — 진로 문제)

2. 1) × 2) × 3) ○ 4) × 5) ○

3. 1) 장핑은 한국에 오면 친구를 빨리 사귀고 한국어도 금방 늘 줄 알았는데 그렇지 않아서 고민이라고 말했다. 윤아는 한국 사람을 사귀고 싶으면 먼저 적극적으로 다가가라고 말했다. 태권도 동아리에 가입해서 친구를 만나는 것도 좋다고 했다.
 2) 장설은 조별 발표를 열심히 준비하지 않는 친구 때문에 힘들다고 했다. 윤아는 교수님께 메일을 보내는 방법도 있다고 말했다.
 3) 장설은 평소에 윤아가 항상 웃고 있어서 고민이 없는 것 같다고 생각했다.

미리 읽기

1) 예전에는 고민이 있을 때 친한 친구나 선생님을 만나서 직접 이야기를 했지만 요즘은 온라인으로 고민을 상담하는 경우가 점점 늘고 있다.
2) 온라인에서는 익명으로 고민을 올릴 수 있고, 여러 사람에게서 조언을 들을 수 있기 때문에 좋다.

읽기

1. 1) 친구 문제, 옷에 대한 욕심
 2) [놀자] ⑤ [내가 최고] ⑥ [운동화 부자] ①
 [토끼] ② [다람쥐] ③

2. 1) ○ 2) × 3) × 4) ○

3. 1) [고민녀]의 친구는 항상 나를 잘 챙겨 준다. 그런데 다른 사람 이야기는 잘 안 듣고 자기 이야기만 하는 것이 단점이다.
 2) [사랑이]는 옷에 관심이 많아서 유행하는 옷은 무조건 사고, 비슷한 옷도 마음에 들면 색깔별로 다 산다. 옷뿐만 아니라 그 옷에 어울리는 신발도 모두 사야 한다.
 3) [사랑이]의 어머니는 [사랑이]가 힘들게 아르바이트를 해서 번 돈을 옷과 신발을 사는 데 다 써 버린다고 생각하시기 때문에 화를 내신다.

13과 연애 · 결혼

어휘 · 표현

1. ① 반하다 ② 설레다 ③ 통하다 ④ 빠지다
 ⑤ 고백하다 ⑥ 거절당하다

3. 2) ① 신랑 ② 신부 ③ 하객 ④ 축의금
 ⑤ 청첩장 ⑥ 신혼여행

미리 듣기

1) 거절당하는 것이 걱정돼서 고백하지 못하고 있다.
2) 기회를 봐서 밥을 같이 먹든지 영화를 같이 보자고 하든지 하라고 했다.

듣기

1. 1) 옛날 사진
 2) 엄마와 아빠의 연애 이야기

2. 1) ○ 2) ○ 3) × 4) × 5) ×

3. 1) 데이트할 기회를 만들려고 엄마를 기다리고 있었다.
 2) 커피를 마시면서 이야기를 했다.
 3) 그다음 주에도 같이 영화를 보자고 했다.

미리 읽기

1) ① 결혼 적령기 ② 통계청
2) 좋은 사람을 만났을 때

읽기

1. 1) 나이가 들면 당연히 결혼을 해야 한다고 생각했다.
 2) '결혼이 꼭 필요하다고 생각하는가?'라는 질문으로 설문 조사를 했다.

2. 1) ○ 2) ○ 3) ○ 4) ×

3. 1) 예전에는 사람들이 나이가 들면 당연히 결혼을 해야 한다고 생각했는데 요즘은 결혼을 '준비됐을 때 하는 것', '선택하는 것'이라고 생각하는 사람이 많아지고 있다.
 2) 직장인의 절반 정도가 '결혼하고 싶을 정도로 좋은 사람이 생겼을 때'가 결혼 적령기라고 답했다. 또 '안정된 직장을 가졌을 때', '언제든지 상관없다', '마음의 준비가 되었을 때', '결혼할 만한 여유가 생겼을 때'가 적령기라고 답했다.
 3) 평균적으로 남자는 32.9세, 여자는 30.2세에 처음 결혼했다.

4) 한국 사회의 젊은이들 중 결혼이 필수라고 생각하는 사람보다 선택이라고 생각하는 사람이 두 배 이상 많으며, 초혼 연령 또한 점점 늦어지고 있다는 것을 알 수 있다.

14과 언어 생활

어휘·표현

3. ① 미안한데, 자리 좀 바꿔 줄 수 있어?
   ② 어떡하지? 눈이 안 좋아서 바꿔 주기 어려울 것 같아.

미리 듣기

1) 제프리 씨를 만나러 왔어요.
2) 감사합니다, 선생님.

듣기

1. 1) 학생들이 한국어를 사용하면서 한 실수
   2)

	잘못 말한 것	바른 표현
간토야	미안합니다	죄송합니다
제프리	줬는데, 봤어요? 당신한테	드렸는데, 보셨어요? 선생님께

2. 1) ○ 2) × 3) ○ 4) ×
3. 1) 살짝 고개만 숙이면 된다고 했다.
   2) 기분 나빠할 수 있다.
   3) 어른에게는 '죄송하다'를 사용해서 사과한다. 또 '주다' 대신에 '드리다'를 사용하며 '당신'이라는 말을 사용하지 않는다.

미리 읽기

1) ① '화가 나다'라는 의미를 나타낸다
   ② '안 되다'나 '아니다'라는 의미를 나타낸다
   ③ '전화'라는 의미를 나타낸다
   ④ '약속'이라는 의미를 나타낸다
2) 생략

읽기

1. 1) 몸짓 언어
   2) ① • • 나라마다 의미가 달라지는 몸짓 언어
      ② • • 몸짓 언어의 뜻
      ③ • • 올바른 몸짓 언어 사용
      ④ • • 주의해야 하는 몸짓
2. 1) × 2) × 3) ○ 4) ○
3. 1) 소리 내서 말하지 않고 몸짓, 표정 등으로 의사소통한다.
   2) 손가락을 볼에다 대는 것, 얼굴을 좌우로 살짝 흔드는 것
   3) 한국에서 다른 사람을 말하는 사람 쪽으로 오라고 할 때 손바닥을 위쪽으로 하는 것,
      프랑스나 스페인에서 손가락으로 동그라미를 만드는 것
   4) 나라나 문화에 따라 어떻게 다른지 잘 알고 상황에 맞게 조심해서 사용해야 한다.

15과 사고

어휘·표현

1. 1) ① 무단횡단을 하다
      ② 신호를 안 지키다/무시하다
      ③ 음주 운전을 하다
   2) ① 안전띠를 매다 ② 손잡이를 잡다
      ③ 좌우/주변을 살피다
2. ①
   ②
   ③
   ④

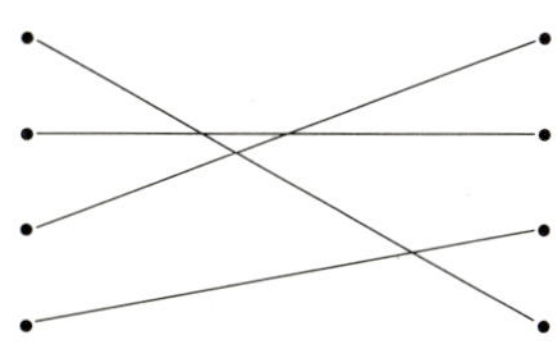

4. ① 도움을 요청한다 ② 119에 신고해서
   ③ 구조를 기다리는

미리 듣기

1) 지하철
2) 안내 방송 ①
   안내 방송 ②
   안내 방송 ③

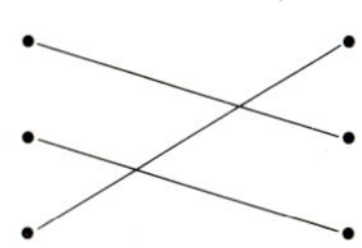

듣기

1. 1) 지하철 발빠짐 사고(안전사고)
   2) 열차와 승강장 사이가 넓다.
2. 1) × 2) ○ 3) ○ 4) ×
3. 1) 타는 곳과 열차 사이가 넓으니 조심하라는 안내 방송이 나온다.

2) 역무원이 열차를 출발하지 못하게 하고 다른 사람들이 같이 아이를 끌어올려서 구조했다.

3) 아이는 별로 다치지 않았지만 놀라서 계속 울었다.

4) 안내 방송에 신경 쓰고 앞으로 주의해야겠다고 생각했다.

미리 읽기

1) 소방청 국가 화재 정보 센터 2) 부주의

읽기 1

1. 담배꽁초

2. 1) ○ 2) ○ 3) ○

3. 1) 주로 부주의 때문에 발생했다.

2) 부산시에서는 담배꽁초를 싼 휴지에서 불이 옮겨 붙어서 아파트에서 화재가 발생했고, 포천시에서는 등산객이 버린 담배꽁초 때문에 산불이 발생했다.

읽기 2

1. 1) × 2) ○ 3) ×

2. 1) 큰 소리로 화재 사실을 알리고 근처에 화재경보기가 있으면 누른다.

2) 화재 발생 위치, 건물의 층수 등을 알려야 한다.

3) 자세를 낮게 하고 연기를 마시지 않도록 젖은 수건이나 옷으로 입과 코를 막는다. 또 승강기는 화재로 인해 멈출 수 있기 때문에 이용하지 않는다.

16과 실수·후회

어휘·표현

1. 1) 헷갈리는 2) 깜박하고 3) 착각하고

2. ① 깨뜨리다 ② 밟다 ③ 빠트리다

3.

실수했을 때	당황하다, 놀라다, 속상하다, 창피하다, 짜증이 나다
후회할 때	아쉽다, 속상하다

1) 속상하다 2) 창피하다 3) 아쉽다

4) 당황하다, 놀라다

미리 듣기

1) 두 사람이 실수로 부딪쳤는데 서로 사과를 안 해서 큰 싸움이 났다.

2) 여자가 떨어뜨린 지갑을 주워서 갖다주려고 쫓아왔다.

듣기

1. 1) 한국에 처음 왔을 때 실수한 경험

2) 간토야: 버스에서 실수로 어떤 남자의 발을 밟았는데, 깜짝 놀라서 그 남자의 손을 잡았다.

제프리: 쇼핑하고 계산할 때 5천 원짜리를 낸다는 것이 5만 원을 냈다.

2. 1) ○ 2) ○ 3) × 4) ○ 5) ×

3. 1) 몽골에서는 다른 사람의 발을 밟으면 악수를 하고 사과한다.

2) 남자의 손을 잡고 사과를 했다. 사과를 했는데도 남자가 자꾸 쳐다봐서 다음 정류장에서 바로 내렸다.

3) 한국말을 잘 못했기 때문에 긴장했다.

4) 점원에게 고맙기도 하고 조금 창피하기도 했다.

미리 읽기

1) 사랑하는 사람에게 표현을 하지 않은 것, 진짜 하고 싶은 일을 하지 않은 것을 후회한다고 한다.

2) 앞으로 어떻게 살지 고민해 봐야겠다는 생각을 했다.

읽기

1. 1) 죽기 전에 꼭 해 보고 싶은 일들을 적은 소망 목록

2) 2007년에 영화 〈버킷 리스트〉가 상영된 후부터

2. 1) × 2) × 3) ○ 4) ×

3. 1) 버킷 리스트에는 평소에 하고 싶었던 작은 일이나 장래의 꿈이 포함된다.

2) 영화 주인공은 가난하지만 평생 가정을 위해 살아온 정비사와 사람을 싫어하는 성격 때문에 주변에 가까운 사람이 없는 부자 사업가이다.

3) 이 영화는 우리가 인생에서 가장 많이 후회하는 것은 살면서 한 일들이 아니고 하지 않은 일들이라는 점을 깨닫게 해 준다.

4) 나중에 인생을 뒤돌아봤을 때 후회하지 않도록 지금이라도 하고 싶은 일들을 적어서 실행해야겠다는 생각을 했다.

mp3 목록

타이틀	단원	단원 내용	쪽
09-1	09과	대화 1	23
09-2		대화 2	24
09-3		미리 듣기	26
09-4		듣기	26
09-5		발음	27
09-6		문법 3	28
10-1	10과	대화 1	39
10-2		대화 2	40
10-3		미리 듣기	42
10-4		듣기	42
10-5		발음	43
10-6		문법 3	44
11-1	11과	대화 1	59
11-2		대화 2	60
11-3		미리 듣기	62
11-4		듣기	62
11-5		발음	63
11-6		문법 3	64
12-1	12과	대화 1	75
12-2		대화 2	76
12-3		미리 듣기	78
12-4		듣기	78
12-5		발음	79
12-6		문법 3	80

타이틀	단원	단원 내용	쪽
13-1	13과	대화 1	93
13-2		대화 2	94
13-3		미리 듣기	96
13-4		듣기	96
13-5		발음	97
13-6		문법 3	98
14-1	14과	대화 1	109
14-2		대화 2	110
14-3		미리 듣기	112
14-4		듣기	112
14-5		발음	113
14-6		문법 3	114
15-1	15과	대화 1	127
15-2		대화 2	128
15-3		미리 듣기	130
15-4		듣기	130
15-5		발음	131
15-6		문법 3	132
16-1	16과	대화 1	143
16-2		대화 2	144
16-3		미리 듣기	146
16-4		듣기	146
16-5		발음	147
16-6		문법 3	148